VANESSA FREITAS

# COMO IMPRESSIONAR POSITIVAMENTE AO FALAR EM PÚBLICO!

UNIVERSO DOS LIVROS

**Diretor Editorial**
Luis Matos

**Assistência Editorial**
Carolina Evangelista

**Projeto Gráfico e Diagramação**
Daniele Fátima

**Preparação dos originais**
Camilla Bazzoni

**Revisão**
Guilherme Laurito Summa

**Capa**
Daniel Brito

Dados Internacionais de Catalogação na Publicação (CIP)
(Câmara Brasileira do Livro, SP, Brasil)

F866c Freitas , Vanessa.

Como impressionar ao falar em público / Vanessa Freitas. – São Paulo: Universo dos Livros, 2007.
112 p.

ISBN 978-85-99187-61-6

1. Fala em público.
2. Técnicas de persuasão. I. Título.

CDD 805.51

**Universo dos Livros Editora Ltda.**
Rua Tito, 1.609
CEP 05051-001 • São Paulo/SP
Telefone: (11) 3648-9090 • Fax: (11) 3648-9083
www.universodoslivros.com.br
e-mail: editor@universodoslivros.com.br

## ● Sumário

## Introdução

A habilidade de nos comunicarmos é uma das mais veementes marcas de nossa capacidade racional. Porém, de maneira contraditória, a maioria das pessoas apresenta medos, ansiedades e inseguranças quando o assunto é falar em público.

Felizmente, por meio do domínio de técnicas adequadas, todos podem vir a se tornar excelentes oradores. Aceite o desafio de aprimorar a sua forma de expressão verbal, corporal e lingüística. Os benefícios excedem os meios acadêmico e profissional, afinal, o poder de persuasão é o passaporte para inúmeras conquistas.

# Capítulo 1

## Quando o autoconhecimento constrói a confiança

## ● Destruindo mitos, descartando medos

Muitas são as técnicas que podem nos auxiliar a nos tornarmos excelentes oradores, porém, antes de conhecê-las, é necessário destruir alguns mitos que rondam a questão da apresentação em público. Afinal, de nada adianta dominar técnicas de oratória se continuarmos a sustentar mitos que servem apenas para alimentar medos e inseguranças.

### Mito 1: Poucos "escolhidos" nascem com o dom da oratória

Ao observarmos alguns oradores que conseguem envolver a platéia e fazer de qualquer apresentação um espetáculo, normalmente pensamos que eles são seres abençoados, com um dom, e que resta a nós, pobres mortais, nos acomodarmos em nossos lugares e admirar tal talento. Mas se conhecêssemos um pouco da história destas pessoas, descobriríamos que, por trás do sucesso, existe estudo, treino e também alguns fracassos.

Há casos notórios e outros nem tanto, por exemplo:

- o jornalista Joelmir Beting possuía um grave problema de gagueira quando criança;
- Lula foi "lapidado" por professores e especialistas em política e marketing para se tornar um ícone político que cativa as massas em comícios, mesmo sendo criticado por cometer desvios gramaticais e ter sua maneira de falar caracterizada pela língua presa, caricaturada por humoristas; devemos reconhecer que Lula é um exemplo de superação no que se refere à oratória;
- ainda no campo da política, vale ressaltar a figura de Eduardo Suplicy que recorreu a professores de oratória para fazer com que suas idéias e sua força política tivessem apelo popular.

Sendo assim, se você sempre foi aquele aluno que fugia de seminários e que corava quando os olhares da turma se voltavam a ti, tenha a certeza de que mais do que dom, você precisa descobrir seus talentos e algumas técnicas para encarar o desafio de se apresentar em público.

## Mito 2: Para nos apresentarmos em público, não podemos sentir medo ou insegurança

Nem sempre o que parece é... Por trás de apresentadores imponentes e cativantes, muitas vezes existe receio, insegurança e o famoso "friozinho na barriga". Obviamente, é necessário ter coragem para enfrentar uma platéia, mas o receio de que os outros pensarão sobre nós e o medo de não agradar ou de falhar em algum momento são da natureza humana.

Assim, por mais que treinemos, o frio na barriga acompanhar-nos-á em toda e qualquer apresentação. O que realmente importa é aprender a não transmitir tal sensação à platéia. Existem alguns sinais de nervosismo que aprenderemos a controlar e algumas técnicas que podem transmitir segurança e credibilidade ao público.

## Mito 3: Pessoas tímidas são péssimas oradoras

Muitas vezes acreditamos que a personalidade do orador é decisiva para definir o sucesso de uma apresentação, o que nos levaria a crer que os tímidos não têm vez quando o assunto é a oratória, mas a verdade é que sempre poderemos utilizar as nossas características pessoais a nosso favor no momento de uma apresentação.

Além disso, há inúmeras personalidades que, embora tímidas no trato com as pessoas, conseguem se apresentar de modo extremamente desinibido diante de um grande público. Um dos casos mais notórios é o do apresentador Faustão, assumidamente tímido, que consegue usar o humor como recurso para envolver a platéia. Lembro-me de um caso marcante, uma professora da Universidade de São Paulo que fazia de suas aulas um espetáculo, falava com confiança e nos fazia sentir a sua paixão pelo conteúdo tratado, porém, nos corredores da faculdade, andava cabisbaixa e corava quando um de seus alunos a cumprimentava. Certamente, a sua paixão pela profissão e pelo estudo era essencial, mas algo maior a fazia transformar-se ao adentrar na classe.

## Mito 4: É preciso ser um especialista no assunto para elaborar uma apresentação

Para desenvolver uma apresentação sobre qualquer assunto, é essencial estudá-lo, procurar se aprofundar o máximo possível no conteúdo tratado, mas isso não significa que você deve ser um expert. Digo isto porque muitas vezes devemos apresentar palestras sobre temas complexos, os quais apresentam inúmeras nuances. O mais importante é ter em vista o seu objetivo com tal apresentação, se você foi convidado para expor aspectos básicos e elementares de determinado assunto, isso deverá ser esclarecido à platéia antes de sua apresentação.

Obviamente, se você desconhecer completamente o assunto a ser tratado, ou se as exigências da apresentação forem além de sua habilidade na área, é necessário esclarecer que você não seria o melhor indicado para tal tarefa. Só não vale se recusar a apresentar, por acreditar que deveria dominar o assunto como um especialista, quando, na verdade, seus conhecimentos podem ser muito úteis à platéia.

## Mito 5: A platéia sempre notará qualquer falha do orador

O receio do que a platéia pensará sobre nossas atitudes é o fantasma que alimenta todos os medos de nos apresentarmos em público. Todavia, por mais exigente que seja a platéia, ela nunca será mais cruel e implacável do que você mesmo, ou seja, somos os piores críticos de nossas atuações em público.

Há pequenas falhas e deslizes que podem ocorrer em uma apresentação e que dificilmente são notadas pela platéia, uma das mais comuns é nos esquecermos de alguma informação que havíamos planejado transmitir. Vale lembrar que só você conhece o conteúdo de sua apresentação, portanto, a platéia jamais saberá se você omitiu algo que estava em seu roteiro. Além disso, gaguejar em algum momento ou cometer um desvio gramatical leve não colocará tudo a perder. O público levará uma impressão geral de seu discurso e isso será construído durante toda a sua apresentação por meio de diversos elementos que estudaremos mais adiante.

## ● Que tipo de orador você é?

Agora que já desmistificamos alguns tabus que rondam a mente de quem pretende se apresentar em público, vale a pena conhecer melhor as características de vários apresentadores a fim de comprovar que há inúmeros tipos de oradores e, o mais importante, perceber que podemos aprender com todos eles.

O trabalho que faremos a seguir consiste em uma técnica que você poderá utilizar como meio de aprimorar a sua forma de se apresentar em público: observaremos as particularidades de apresentadores, identificando seus pontos fortes e também algumas falhas – que muitas vezes podem ser revertidas a favor do orador.

**Faustão:** o seu maior trunfo é o senso de humor que, embora não seja muito refinado, é envolvente na medida em que o apresentador sabe como aproveitar as circunstâncias, ou seja, ele extrai humor de situações que se apresentam no ambiente. Esse é um ponto a ser observado com atenção: em suas apresentações, você poderá aproveitar fatos ou situações que ocorram no momento de seu discurso para enriquecê-lo, por exemplo, se alguém da platéia fez um comentário interessante, procure utilizá-lo como gancho para outras informações que você pretende transmitir. Além de demonstrar atenção às contribuições da platéia, você comprovará o seu domínio do assunto e seu jogo de cintura. É interessante demonstrar que sua apresentação não está engessada, e que você tem habilidade suficiente para improvisar.

Outro aspecto interessante acerca das habilidades do Faustão é o fato de ter inovado ao permitir que o telespectador conhecesse um pouco dos bastidores de seu programa, quando comenta as falhas que ocorrem durante a sua apresentação, o que cria um clima de intimidade com o público. Aí está algo a ser aprendido: você não precisa aspirar à perfeição; se algo imprevisto ocorrer durante a sua apresentação, você poderá tecer um comentário breve e até mesmo bem humorado, é uma forma de "quebrar o gelo" e fazer com que o deslize ocorrido não o incomode durante todo o discurso.

A irreverência deste apresentador marca toda a sua trajetória, desde os tempos de jornalista esportivo da rádio Jovem Pan, até se tornar apresentador do programa Perdidos na Noite, cujo sucesso possibilitou o seu convite para trabalhar na Rede Globo. Até mesmo o seu hábito de interromper os entrevistados já se tornou uma marca, cujo senso de humor supera as possíveis falhas.

**Jô Soares:** cultuado pelo público como um apresentador ilustrado e inteligente, ele sabe aliar o humor, tendo em vista a sua longa carreira como comediante, a observações interessantes provenientes de sua bagagem cultural. Seu senso de humor é agradável a uma platéia mais intelectualizada que aprecia suas diversas habilidades demonstradas no palco: canta, dança, toca instrumentos pouco populares... Desde que de maneira comedida, você também poderá demonstrar o quanto seus conhecimentos excedem o conteúdo de sua apresentação, ou seja, você poderá tecer comentários sobre outros assuntos, sempre relacionados às informações transmitidas, como uma forma de conseguir credibilidade. Se as pessoas admirarem a sua cultura, estarão mais atentas ao conteúdo de sua apresentação.

Mas cuidado para não parecer arrogante ou convencido, nem intimidar a platéia, afinal, algumas vezes o Jô Soares parece se esquecer de que é o entrevistador e procura demonstrar que conhece mais o assunto a ser discutido que o entrevistado, geralmente um especialista no assunto.

Além disso, atenção à questão da originalidade, não é interessante copiar completamente o estilo de alguém, por mais que ele seja digno de admiração, Jô Soares se inspirou tão completamente no apresentador norte-americano David Letterman que provoca uma certa decepção em seu público quando assiste ao programa original e percebe que o formato do programa e o estilo dos apresentadores são os mesmos. Uma característica interessante destes dois apresentadores é a habilidade com que utilizam o recurso de contar histórias, algo que poderá ser feito em qualquer apresentação como um meio de tornar o discurso mais agradável. Assim, se você conhecer alguma história interessante que ilustre as informações transmitidas, procure utilizá-la de maneira natural e espontânea, até mesmo transmitindo a impressão de que o relato não estava no roteiro de sua apresentação.

**Silvio Santos:** reconhecido como um dos melhores oradores do Brasil, ele encarna quase todas as qualidades e técnicas que mencionaremos ao longo do livro: gesticulação adequada, entonação agradável, postura perfeita e expressividade. Talvez agora você esteja se perguntando por que, uma vez que Silvio Santos é um excelente orador, ele seja alvo de críticas de muitas pessoas. A questão é simples: Silvio Santos é o apresentador perfeito para um tipo de público específico; seus comentários muitas vezes são considerados de mau gosto para uma platéia mais intelectualizada, mas isso não é um demérito, os apresentadores sempre possuem um público-alvo e procuram meios para que suas características pessoais conquistem essa parcela da população.

Provavelmente você não tenha o privilégio de poder definir qual o tipo de público para o qual gostaria de se apresentar, todavia, podemos aprender com esta adequação dos apresentadores a platéias específicas. Sempre que for se apresentar, procure obter o máximo de informações acerca do perfil de seu público, assim, você poderá elaborar um discurso adequado a suas expectativas e vivências. Por exemplo, se for se apresentar para uma platéia mais instruída, é necessário fazer uso de um vocabulário mais rebuscado, sem exageros, demonstrar cultura e respeito ao nível intelectual do público. Se sua platéia for composta predominantemente por pessoas com baixo grau de instrução, procure utilizar um vocabulário simples, embora adequado, e expor as informações de modo condizente ao conhecimento que o público possui, faça uso de exemplos relacionados à sua realidade.

Também é necessário cuidado em relação à faixa etária de seu público, principalmente no que se refere aos exemplos, que precisam estar adequados à vivência da platéia; um público mais velho sentir-se-á prestigiado se você mencionar não apenas exemplos atuais, mas também fizer referência a fatos mais longínquos. Caso sua platéia seja composta por jovens e adolescentes, você deverá demonstrar que conhece o seu universo, isto não significa que você deverá usar gírias ou tentar se passar por "garotão", mas provar que se mantém atualizado e que se preocupa em adequar os seus exemplos à visão de mundo de seu público.

Atenção também ao grau de profundidade que você conferirá ao seu discurso, caso se trate de uma platéia composta por conhecedores ou mesmo especialistas do assunto, haverá a necessidade de partir do pressuposto de que eles conhecem as informações básicas sobre o tema, bem como os termos técnicos relacionados à área; sua apresentação deverá contribuir para um aprofundamento no assunto. Em contrapartida, se a platéia for composta por leigos, você deverá transmitir conceitos básicos sobre o tema, tomando sempre cuidado em esclarecer o significado de termos específicos de sua área de atuação. Lembre-se de que o melhor apresentador é aquele que se faz entender e que possibilita à platéia a aquisição de conhecimentos. A maneira como falamos de um assunto é determinada pelo tipo de público a quem nos dirigimos, ignorar esse fato é o melhor meio de também sermos ignorados.

**Hebe Camargo:** dona de um perfil único, ela possui, não por acaso, um público extremamente fiel. A apresentadora sabe como agradar a sua platéia por meio de comentários elogiosos; Hebe não apenas cativa o seu público, como também é extremamente educada com seus entrevistados, mostra-se sempre atenta aos comentários e às histórias dos participantes de seu programa. A simpatia e a atenção demonstradas por ela servem de exemplo a qualquer orador, afinal, pessoas cativantes são sempre bem recebidas pela platéia. Mas cuidado para não exagerar, se você chamar alguém de "gracinha" ou algo semelhante, parecerá falso e caricato, já que o orador jamais deverá demonstrar intimidade excessiva. A melhor maneira de ser simpático e atencioso é por meio do respeito, se você souber ouvir a platéia, reconhecer a validade e a importância de seus comentários, estará sendo suficientemente simpático.

O respeito à platéia também é explicitado por meio da qualidade de seu discurso, ou seja, se o orador demonstrar que se preparou para a apresentação, que procurou torná-la interessante e produtiva, mostrar-se-á uma pessoa agradável. Como o entusiasmo do apresentador acaba por envolver a platéia, é necessário transparecer que se apresentar é um prazer para você, não uma tarefa incômoda. Além disso, evite atitudes ríspidas, demonstrações de mau humor ou qualquer ar de superioridade.

Hebe Camargo tem algo a mais a nos ensinar: em alguns momentos de sua carreira, fez declarações infelizes principalmente no que se refere à política. O orador não deve tecer comentários polêmicos, a menos que esse seja o assunto de seu discurso, caso contrário provocará reações desagradáveis por parte da platéia e desviará o foco do tema da apresentação. No próximo capítulo, comentaremos mais a respeito de atitudes a serem evitadas ao longo de uma apresentação.

**Edir Macedo:** independente de qualquer juízo de valor, é necessário reconhecer que estamos diante de um orador eficiente, além de conseguir desenvolver extensas apresentações sobre um único tema, sem se perder ao longo do caminho; ele sabe falar com extrema emoção e captar as necessidades da platéia. Ater-se ao fio condutor de nossa apresentação é essencial para a coerência e lógica de qualquer discurso. No capítulo sobre organização das informações, abordaremos algumas técnicas para que a apresentação tenha uma organização impecável.

No que se refere à emoção, é necessário ressaltar que há nuances em relação ao grau de emoção que um discurso exige; discursos mais apelativos – como os que caracterizam a área de Edir Macedo – muitas vezes são mais eficientes quando carregados de passionalidade. De qualquer forma, todo apresentador precisa conferir emoção a suas palavras, como veremos mais adiante. Como destacamos, Edir Macedo não apenas fala com emoção, mas sabe captar os anseios da platéia, em muitos casos, como na área de vendas, por exemplo, é importante que o apresentador saiba notar o que o seu público deseja, o que ele valoriza, assim o orador poderá adequar o seu discurso aos valores daquela platéia.

Obviamente, a menos que o seu discurso tenha um cunho religioso, a emoção conferida ao discurso não poderá suplantar o conteúdo racional de sua apresentação, ou seja, as informações transmitidas precisam ter uma base teórica sólida.

**Lilian Wite Fibe:** a jornalista está longe de ser um exemplo de simpatia, mas é admirada por muitos telespectadores. Isso se deve essencialmente a sua credibilidade e competência profissional. Assim, a apresentadora acaba por driblar a sua falta de emoção e identificação com o público, por meio da imagem de exatidão, de profissional correta e confiável.

Assim, se você não é caracterizado pela extrema simpatia e tem alguma dificuldade em conseguir conferir emoção ao seu discurso, além das técnicas que veremos mais adiante, você poderá investir na sua credibilidade. Uma das formas de provar à platéia que você está capacitado para apresentar o conteúdo é falando um pouco de seu currículo, de sua trajetória acadêmica e profissional. Isso pode ser feito no início de sua apresentação; uma forma de não parecer pedante ou pretensioso, é solicitar que algum outro orador ou organizador do evento informe a platéia acerca de suas qualificações.

Não apenas antes de começar o seu discurso como também ao longo de sua apresentação, você poderá citar experiências pelas quais passou que o habilitam a tratar do assunto e que enalteçam a sua competência de uma maneira geral. Por exemplo, se você já realizou outras apresentações, trabalhou para empresas renomadas, ou fez viagens profissionais ou acadêmicas, essas informações podem ser inseridas ao longo de seu discurso. Entretanto, é necessário ter o cuidado em transmitir tais informações com extrema naturalidade e sem arrogância, para isso você deverá estabelecer uma relação entre a sua experiência e o conteúdo informado, além de dosar a quantidade de informações pessoais a serem transmitidas. Afinal, existem alguns oradores que se preocupam tanto com o famoso marketing pessoal que se tornam pessoas desagradáveis e até mesmo deixam a desejar no que se refere ao conteúdo do discurso.

**LULA:** já falamos um pouco sobre o atual presidente, mas vale a pena nos aprofundarmos em suas características como orador. Muito criticado por apresentar desvios gramaticais e cometer algumas gafes tragicômicas, ele apresenta inúmeras qualidades como orador as quais devemos observar. Sua enorme popularidade se deve principalmente à habilidade de conseguir se identificar com a população. Assim, ele faz referência constante à sua origem humilde e, ao enaltecer as qualidades do povo e do trabalhador brasileiros, consegue uma dupla façanha: elogia o seu público e se auto-enaltece.

Identificar-se com a platéia é uma estratégia eficaz desde que existam elementos que dêem respaldo a essa aproximação, ou seja, quando você se apresenta para um público que possui uma trajetória profissional, acadêmica ou pessoal semelhante à sua, você poderá citar estes aspectos como um modo de conseguir a sua simpatia.

Outro aspecto interessante nos discursos de Lula é o constante uso de imagens e metáforas ao explicar um conceito, defender uma opinião, responder a críticas, ou mesmo atacar um adversário, o atual presidente procura utilizar exemplos do cotidiano e aproximá-los à questão em discussão. Qualquer orador pode utilizar esse recurso como um meio de tornar o discurso mais agradável e facilitar a compreensão, é um método muito eficaz para seduzir platéias de diferentes níveis de escolaridade. É evidente que as imagens e metáforas utilizadas devem ser adequadas à vivência da platéia e às suas particularidades.

Além dos aspectos constantemente criticados em suas apresentações, um fato a ser observado é a referência direta, logo no início de seus discursos, a adversários, opiniões divergentes ou críticas a seu governo. Devemos evitar atritos logo no início de uma apresentação, por mais que a divergência seja intrínseca à política, há modos e momentos mais inteligentes para mencioná-las. Assim, se você precisar fazer críticas ou rebater argumentos contrários em seu discurso, primeiro conquiste a platéia, apresente os seus argumentos e só depois mencione questões desagradáveis. Pois se você mencionar divergências logo no início da apresentação poderá dar munição ao inimigo, ou mesmo causar uma má impressão na platéia.

Os políticos podem nos ensinar muito a respeito de como nos apresentarmos em público, mesmo que seja ao demonstrar o que não devemos fazer. Sempre criticamos políticos que se preocupam mais em atacar adversários que em apresentar propostas e soluções; também em nossos discursos, devemos ter o cuidado de não exagerarmos em criticar teorias, pessoas ou instituições. Um orador que só comenta os defeitos dos outros acaba por fazer uma apresentação desagradável, vazia de conteúdo e constrói uma imagem repulsiva.

**Heloísa Helena:** a ex-senadora apresenta algumas particularidades em seus discursos que merecem ser analisadas. Por mais que reforcemos a importância de o orador ser natural, espontâneo e respeitar a sua personalidade, não podemos negar que muitos oradores criam personas, constroem uma imagem de acordo com o público que pretendem atingir. Essa observação não se refere apenas à ex-senadora, mas a todos ou quase todos os oradores analisados anteriormente.

Heloísa Helena soube criar uma imagem de mulher lutadora, corajosa e correta. Não sabemos se tais características são ou não verdadeiras, isso não nos importa neste momento, o interessante é perceber a possibilidade de construir uma imagem por meio do discurso. Um aspecto marcante de seus discursos, assim como de alguns outros políticos, é o uso de adjetivos de impacto para qualificar ou desqualificar pessoas, instituições e atitudes. Ao atacar ferozmente seus adversários, Heloísa Helena sabe transmitir uma imagem de verdade, de quem não tem o que esconder, de quem fala o que o povo pensa e não tem a oportunidade de falar.

Isso não significa que você deverá abrir mão do comedimento em suas apresentações, mas que poderá construir uma imagem de acordo com o juízo de valor que conferir às pessoas ou instituições citadas em suas apresentações. Mas cuidado para não parecer demagogo; se você não é político, é melhor não querer agradar demais e, como já mencionamos, não é adequado fazer da crítica e do ataque o cerne de suas apresentações.

Ao nos apresentarmos em público, mesmo sem segundas intenções, construímos uma persona, uma imagem que gostaríamos de que fosse aceita pela platéia; mas quanto mais verdadeira e fiel às suas características e aos seus princípios for tal imagem, maiores serão as possibilidades de convencer, agradar e ter sucesso.

Após termos analisado o perfil de oradores tão diferentes, vale a pena voltarmos esse olhar analítico para nós mesmos. É importante que você perceba quais são as suas particularidades e suas habilidades. Este não é momento de você apontar as suas limitações, afinal, como somos os mais ferrenhos juízes de nossas apresentações, normalmente temos uma imagem distorcida de nossos discursos. Provavelmente, você seria capaz de listar inúmeras deficiências, mas o importante, neste momento, é reconhecer as suas habilidades, não somente aquelas que caracterizam as suas apresentações em público, mas todas aquelas que fazem parte de sua personalidade. Assim, poderá utilizá-las para reconhecer o tipo de orador que você é.

É essencial ter consciência de que, por mais que exista uma identificação com este ou aquele orador, você é único; qualquer pessoa, famosa ou não, poderá servir como inspiração, jamais como um modelo a ser seguido.

Adiante, apresentamos uma lista de aspectos que poderão ser analisados em sua forma de ser e de se apresentar. Ao lado de cada um deles, procure escrever uma auto-análise; não será uma tarefa fácil, mas será de extrema ajuda no percurso a caminho da excelência na apresentação em público. Lembre-se, procure encontrar as suas qualidades!

Senso de humor: ______________________________

______________________________________________

______________________________________________

Credibilidade: ________________________________

______________________________________________

______________________________________________

Autoconfiança: ______________________________________________

_____________________________________________________________

_____________________________________________________________

Bagagem cultural: ____________________________________________

_____________________________________________________________

_____________________________________________________________

Trajetória profissional: _______________________________________

_____________________________________________________________

_____________________________________________________________

Simpatia: ___________________________________________________

_____________________________________________________________

_____________________________________________________________

Formação acadêmica: _________________________________________

_____________________________________________________________

_____________________________________________________________

Jogo de cintura: _____________________________________________

_____________________________________________________________

_____________________________________________________________

Criatividade: ________________________________________________

_____________________________________________________________

_____________________________________________________________

Habilidade de comunicação: ____________________________________

_____________________________________________________________

_____________________________________________________________

# Capítulo 2

## Não tenha medo de errar!

## E SE...

Você já deu um importante passo no caminho do autoconhecimento, algo essencial para adquirir confiança para se apresentar em público. Entretanto, algumas dúvidas acerca do que fazer diante de imprevistos, que podem ocorrer durante a apresentação, freqüentemente tiram o sono dos oradores. Com algumas dicas valiosas, você poderá lidar tranqüilamente com diversas situações-problema.

### ...ocorrer um branco durante a apresentação?

O receio de esquecer trechos do discurso durante a apresentação é um dos mais freqüentes tormentos da maioria dos oradores. Todavia, o que parece ser a mais trágica das situações é algo que pode ser facilmente contornado. O mais importante é manter a calma diante do lapso de memória; se você ficar calado, com cara de desespero, diante da platéia, todos perceberão a sua insegurança.

Como destacamos anteriormente, é essencial ter em mente que só você conhece o conteúdo de sua apresentação, assim, ninguém saberá se foi suprimida alguma informação. Mas antes de desistir de se lembrar o que havia planejado dizer, há uma técnica eficaz que auxilia a resgatar a informação em sua memória. Ao perceber que se esqueceu do conteúdo que transmitiria em seguida, procure repetir as últimas informações que havia dito, como se estivesse recapitulando o assunto. Como nossa memória é formada por elos e estabelecemos uma ligação entre as informações, muitas vezes nos lembramos do que seria dito a seguir.

Caso tal técnica não funcione, de maneira muito natural, siga adiante sua apresentação a partir da informação de que se recorda. Afinal, se você estudou e se preparou de acordo com as dicas que serão fornecidas no capítulo sobre organização das informações, certamente não esquecerá todo o discurso. Freqüentemente o orador se lembra da informação omitida após algum tempo de apresentação, com isso, é capaz de perceber o momento adequado e pertinente e inserir a informação em seu discurso.

Além disso, explicaremos como elaborar um roteiro de apresentação que poderá ser consultado a qualquer momento; não é demérito ou demonstração de insegurança recorrer ao seu roteiro, afinal o público não está interessado em testar a memória do orador, mas em perceber o seu domínio sobre o conteúdo. Principalmente no que se refere a estatísticas, datas e outras informações numéricas, o orador poderá consultar suas anotações sem constrangimento algum.

## ...a platéia estiver hostil?

Sempre criamos expectativas em relação à forma como seremos recebidos pela platéia, afinal o público poderá nos deixar à vontade ou nos intimidar logo no início da apresentação. É importante que sua autoconfiança não dependa da maneira como será recebido pelos espectadores, pois muitas vezes podemos alterar a postura da platéia a partir de alguns métodos.

Se, ao iniciar a apresentação, você perceber que o público se mostra pouco acolhedor, você deverá se tranqüilizar e tentar descobrir a razão de tal atitude. A platéia pode se mostrar hostil por inúmeras razões, vejamos como identificar os motivos e como reverter a situação a nosso favor. Lembre-se também de que, em alguns casos, o público é obrigado a ouvir a nossa apresentação, assim, a hostilidade pode ser direcionada não ao orador, mas a fatores exteriores, e mesmo nestes casos, há solução.

Muitas vezes as pessoas mostram-se pouco receptivas por estarem preocupadas com o tempo. Se sua palestra tiver início, independente do motivo, após o horário previsto, podemos perceber que a platéia apresenta-se um pouco incomodada. Quando isso ocorre, as pessoas costumam olhar o relógio a todo o momento. Logo no início do seu discurso, prometa ser breve e ressalte a importância do assunto a ser abordado em sua palestra.

Ao prometer brevidade, você se mostrará compreensivo com a preocupação da platéia e a acalmará. Ao destacar a relevância do tema de sua apresentação, demonstrará que o tempo dos espectadores não será desperdiçado; diga os benefícios que o seu discurso trará para as pessoas. Se sua apresentação for envolvente e interessante, as pessoas deixarão de se atentar ao tempo e se concentrarão em sua palestra.

A rejeição da platéia pode ocorrer porque desconfiam de seu conhecimento no assunto. Se quiser descobrir se é essa a razão da hostilidade, faça um levantamento das expectativas do público diante de sua apresentação; sutilmente, as pessoas demonstrarão a desconfiança em relação ao seu domínio do assunto. Caso considere perigoso ou constrangedor dar voz ao público, basta analisar se são pessoas extremamente qualificadas no assunto.

Ao perceber que a razão da pouca receptividade é a desconfiança em relação ao seu preparo, mencione a sua formação acadêmica, o seu percurso profissional, como adquiriu o domínio sobre o assunto. Afinal, se você foi convidado a proferir uma palestra sobre determinado tema, é porque possui qualificações para isso. Ao longo de sua apresentação, ao demonstrar o seu conhecimento acerca do tema, você conseguirá conquistar o público.

Constantemente tive de lidar com tal atitude ao apresentar cursos e palestras, pois, por ser jovem, a platéia desconfiava de meu preparo. Entretanto, ao citar toda a minha formação e experiência, e ao apresentar uma palestra consistente e dinâmica, os espectadores se rendiam e apreciavam o trabalho desenvolvido. O importante é não se deixar intimidar.

O público também pode acreditar que já possui muito conhecimento sobre o tema e que sua apresentação não contribuirá para sua formação. Os meios de perceber tal problema são os mesmos utilizados na situação relatada anteriormente. Além de tomar as mesmas providências sugeridas quando o público desconfia de suas qualificações, você poderá explicitar qual será o foco de abordagem do assunto em sua palestra, procure demonstrar o ineditismo de sua abordagem e as contribuições que você trará para aqueles que já dominam o assunto.

## ...a platéia se mostrar sonolenta?

Há situações e horários ingratos para nos apresentarmos, momentos em que a maioria das pessoas está cansada e dispersa. Nestes casos, você deverá utilizar técnicas que despertarão a platéia ao longo de sua palestra.

Um dos nossos maiores aliados na tarefa de empolgar a platéia é a entonação. A maneira de trabalhar as variações da voz ao longo do discurso poderá definir o sucesso de sua apresentação; no capítulo sobre técnicas vocais, elucidaremos como envolver os espectadores.

De qualquer forma, quando a platéia se mostrar sonolenta, é muito importante recorrer a recursos de áudio e de vídeo que interessem aos espectadores, mas cuidado para não exagerar, se o espaço reservado para a apresentação permanecer no escuro e na meia-luz por muito tempo, você correrá o risco de embalar o sono da platéia em vez de despertá-la.

## ...a platéia conversar durante a apresentação?

Acredite, dificilmente o público permanecerá em absoluto silêncio durante o seu discurso, pois as pessoas sentem necessidade de comentar o conteúdo da palestra, bem como situações que ocorram durante a apresentação. Entretanto, há situações que comprometem a palestra, o desempenho e a concentração do orador; em tais casos, não seja ríspido com aqueles que conversam, pois, assim, você conseguirá apenas conquistar a antipatia da platéia.

Há alguns passos que você poderá seguir: primeiro, diminua o seu tom de voz, assim, a fala dos impertinentes se destacará e, provavelmente, eles se sentirão constrangidos. Outros espectadores, muitas vezes, são seus aliados na tarefa de inibir as conversas, pois lançam olhares de reprovação àqueles que os impedem de ouvir a palestra.

Caso não funcione, lance olhares de reprovação em direção aos espectadores falantes. A maioria das pessoas sente-se incomodada quando se torna o centro das atenções em razão de alguma atitude inadequada. Se mesmo assim não adiantar, e o ambiente permitir, caminhe entre os espectadores e chegue perto do foco de seu incômodo, provavelmente, a sua presença inibirá a conversa.

Se persistirem, você poderá perguntar a opinião daqueles que se sentam perto das pessoas que conversam, elas sentirão receio de que você as questione sobre algum assunto e não saibam do que se trata, o medo de serem expostas ao ridículo fará com que se calem. Como último recurso, você poderá solicitar a algum organizador do evento que se dirija às pessoas que atrapalham a apresentação e peçam que fiquem em silêncio ou mesmo que se retirem do recinto. Muito dificilmente você terá de passar por todas essas etapas; a maioria das pessoas possui suficiente bom senso para se comportar em uma palestra.

## ...a platéia fizer perguntas durante a apresentação?

A participação da platéia durante o discurso muitas vezes é um sinal de envolvimento, não deve ser encarada como algo intimidador. De qualquer forma, alguns oradores têm receio de se desconcentrarem caso sejam feitas perguntas ao longo da palestra. Você poderá esclarecer, antes do início do discurso, que haverá um tempo reservado, ao final da apresentação, para que sejam feitos questionamentos. Assim, sentir-se-á mais tranqüilo para conduzir a palestra.

Independentemente do momento em que sejam feitos questionamentos, podem ocorrer algumas situações incômodas. Há algumas pessoas que fazem perguntas extremamente complexas com o intuito de constranger o orador; caso isso ocorra, tenha a certeza de que quem fez a pergunta deseja aparecer, dê a ela essa oportunidade. Elogie a complexidade e a inteligência da questão, assim, o espectador envaidecer-se-á. Em seguida, pergunte o que ele sabe a respeito da questão, muitas vezes aquele que perguntou sabe a resposta e não perderá a oportunidade de mostrar o seu domínio do assunto. A pessoa responderá e se sentirá enaltecida, e você se livrará da saia-justa.

Também existe a possibilidade de um espectador fazer um questionamento, sem segundas intenções, cuja resposta você desconheça. Se isso ocorrer, não há problemas em dizer que a questão é bastante específica e complexa, e que você prefere enviar a resposta para o e-mail dele. Dependendo da pergunta, você poderá destacar que a resposta excederia o tempo e que prefere responder em outra oportunidade.

Há vezes em que são formuladas perguntas totalmente descabidas, nestes casos, não se sinta pressionado, explique, de modo educado, que a questão foge completamente do intuito de sua apresentação.

Dizer que desconhece a resposta não é o fim de sua credibilidade, o mais importante é que você saiba manter a segurança e demonstrar que a questão é complexa ao extremo. Por fim, sempre existe a possibilidade de pedir que as perguntas sejam enviadas por escrito ao orador ao longo da palestra, assim, você poderá fugir de qualquer armadilha.

## ...os recursos preparados para a apresentação não funcionarem?

Em primeiro lugar, é essencial que o orador se organize e verifique com antecedência as instalações e os equipamentos reservados para a apresentação. Assim, você poderá testar e verificar os equipamentos que estarão disponíveis durante a palestra.

Além disso, é necessário ter sempre um plano B, por exemplo, se você preparou um arquivo em PowerPoint para ser apresentado no computador, imprima também transparências para serem colocadas no retroprojetor, caso o equipamento inicial não funcione. Tenha também o cuidado de gravar a sua apresentação em disquete, CD e, se possível, a envie para o e-mail do organizador do evento.

Se for utilizar algum recurso de áudio, verifique a acústica do local, ou seja, certifique-se de que o som pode ser ouvido por todos da platéia, até mesmo nos últimos lugares do auditório.

Em alguns ambientes, há um profissional responsável pelos recursos de áudio e vídeo, converse com ele a fim de verificar as condições do equipamento, assim, você se sentirá mais seguro e tranqüilo.

Mesmo com todos esses cuidados, sempre existe a possibilidade de nada funcionar como o planejado. Por isso, lembre-se de que o centro das atenções é você, não baseie toda a sua apresentação neste ou naquele recurso; tenha preparo suficiente para conseguir desenvolver a sua apresentação utilizando somente o único recurso infalível: você.

## ...não conseguir cumprir o tempo estabelecido para a apresentação?

O único responsável por organizar as informações de acordo com o tempo estabelecido é você. E realmente se trata apenas de uma questão de organização; mais adiante veremos como adequar o conteúdo pesquisado ao tempo da apresentação.

Entretanto, existe sempre a possibilidade de haver mudanças no tempo previamente combinado. Se houver algum imprevisto, e o tempo for reduzido, você deverá privilegiar a transmissão das informações mais importantes, assim, ao preparar o discurso, separe o conteúdo em uma ordem de prioridade, para que você possa excluir algumas informações de sua apresentação.

Também existe a possibilidade de solicitarem que você estenda um pouco a sua palestra, nesse caso, é importante que você tenha feito uma pesquisa que exceda o conteúdo que pretende transmitir em sua apresentação. Assim, você poderá expor curiosidades, dados estatísticos e outras informações que não faziam parte de seu discurso original.

## Gafes, para rir... e aprender

O orador precisa estar preparado para lidar com diversas situações-problema, mas algumas vezes é ele próprio que causa desconforto entre a platéia e acaba por prejudicar a apresentação. A seguir, veremos algumas gafes e deslizes que o orador deverá evitar a qualquer custo. Por fim, observaremos algumas gafes notórias de personalidades públicas, em que é quase impossível não nos divertirmos com algumas delas, mas também poderemos aprender um pouco com isso.

### Não se atrase!

A maior demonstração de desrespeito que um orador pode dar é se atrasar para a sua apresentação. Ao se atrasar, o palestrante, além da não-consideração, denota falta de organização e despreparo. Assim, causará uma má impressão na platéia antes mesmo do início da apresentação.

Sempre vale a pena reforçar a importância de chegar com extrema antecedência ao local da palestra, assim você também poderá se acalmar antes da apresentação e se acostumar com o ambiente.

Caso o atraso tenha sido inevitável, não comece o seu discurso se desculpando. Provavelmente, os espectadores estarão ansiosos e impacientes, e se você começar a explicar as razões de seu atraso, deixará o público ainda mais incomodado. A melhor forma de se desculpar por um atraso é apresentando uma palestra interessante e envolvente. Assim, a platéia sentirá que a espera valeu a pena e não se lembrará de seu atraso, mas do sucesso de sua apresentação.

Existem oradores que sabem se desculpar pelo atraso de uma maneira criativa. No decorrer da apresentação, mencionam o atraso e o relacionam à necessidade de obter recursos ou dados que enriquecem a apresentação e que são valiosos para a platéia. Essa estratégia só é válida se realmente você apresentar recursos que não poderiam, por alguma razão, ser obtidos previamente. Caso contrário, você simplesmente dará mais uma prova de sua falta de organização.

Muitas vezes o atraso não se deve ao orador, mas a alguma falha na organização do evento. Em tal caso, é interessante pedir que algum dos organizadores esclareça a situação antes de sua apresentação.

## Não conte piadas!

Há oradores que se caracterizam pela simpatia e pela habilidade de fazer o público se divertir. Tal capacidade pode ser usada a favor do orador desde que o discurso não se transforme em um show humorístico. Caso isso ocorra, pode até ser que a platéia se divirta muito durante a sua apresentação, mas provavelmente não extrairá nada de produtivo de sua palestra.

Assim, não conte piadas ao longo de seu discurso e, muito menos, no início de sua apresentação. A famosa técnica de tentar "quebrar o gelo" antes da palestra contando piadas poderá trazer conseqüências desagradáveis. Se o público não rir de sua piada, você se sentirá ainda mais intimidado e constrangido, o que poderá se refletir no restante de sua apresentação. Mesmo que o público demonstre ter apreciado a piada, você poderá construir a imagem de alguém pouco sério e, conseqüentemente, inábil para discursar.

Mencionamos que contar histórias ao longo da apresentação pode ser um interessante recurso para ilustrar as informações transmitidas e envolver a platéia. Obviamente, tais histórias podem conter um componente humorístico, mas é essencial ter o cuidado de não relatar fatos de gosto duvidoso e, principalmente, é expressamente proibido contar histórias com teor preconceituoso como se fosse um chiste ou algo divertido. Até porque, pessoas com discernimento sentir-se-ão ofendidas e construirão uma péssima imagem do orador.

## Evite os cacoetes!

Certamente você já assistiu à palestras em que o orador possuía algum cacoete que chamou a atenção da platéia. Os famosos "né" e "tá" no fim das frases são os mais freqüentes. Entretanto, há outros como estralar os dedos, arrumar o cabelo a todo o momento, morder os lábios, arrumar alguma peça de roupa, tirar e colocar o anel ou aliança...

Tais atitudes acabam por desviar o foco de atenção da platéia. Os espectadores deixam de prestar atenção em seu discurso para reparar nos seus tiques, algumas vezes passam a contar quantas vezes você repete algum trejeito.

Geralmente, o palestrante não percebe esse problema, por isso, a melhor forma de saber se você possui algum cacoete, ao se apresentar, é recorrer à sinceridade de algum amigo ou parente que já tenha assistido a suas apresentações anteriores. Existe também a possibilidade de você gravar algumas de suas palestras, assim você mesmo poderá observar a sua maneira de se apresentar em público. Depois de identificar o problema, é necessário atenção para não cometer tais deslizes.

Os cacoetes costumam ser reflexo do nervosismo do orador, e o público associa isto à insegurança. Por isso, é extremamente importante o constante trabalho de desenvolvimento da autoconfiança.

## Fuja dos assuntos polêmicos!

A menos que o tema de seu discurso esteja diretamente associado a assuntos que geram controvérsia, evite tratar de questões polêmicas. Ao abordar assuntos como pena de morte, eutanásia, aborto e questões políticas que exaltam os ânimos, você poderá desviar completamente a atenção da platéia do assunto desenvolvido em sua palestra. Os espectadores começarão a discutir a questão mencionada e dificilmente conseguirão desligar-se do assunto.

Além disso, ao emitir a sua opinião acerca de questões como essas, o orador certamente entrará em choque com o pensamento de boa parte da platéia. Assim, muitos espectadores poderão criar uma imagem negativa do palestrante e não estarão receptivos a outros comentários que ele venha a fazer ao longo do discurso, mesmo que desvinculados da polêmica.

Quando o orador necessariamente tem de mencionar questões controversas em razão da natureza do tema da palestra, haverá todo um preparo na organização do discurso para que ele fundamente a sua argumentação antes de propor a polêmica. Pois, ao tocar no tema de modo superficial, consegue apenas exaltar os ânimos e causar desconforto.

## Cuidado com o excesso de humildade!

Destacamos anteriormente a importância de o orador evitar transmitir uma imagem de arrogância e prepotência. Todavia, em alguns casos, o palestrante se diminui tanto perante a platéia que acaba por perder a credibilidade. A humildade é uma característica bastante apreciada, mas não deve ser confundida com subserviência. Se você apresenta uma palestra sobre determinado tema é porque possui habilidades e conhecimentos para executar tal tarefa.

Um dos deslizes comumente cometidos é iniciar a apresentação dizendo que não domina completamente o assunto ou que se apresentar em público não é um dos seus pontos fortes. O intuito do orador ao recorrer a esta estratégia é diminuir as expectativas do público e se desculpar previamente por possíveis falhas na apresentação. Entretanto, essa tática consegue apenas fazer com que o público preste ainda mais atenção aos seus deslizes e questione toda e qualquer informação que você venha a transmitir.

Assim, demonstre humildade ao se mostrar receptivo às contribuições que os espectadores eventualmente venham a fazer, jamais diminua a sua importância como orador.

## Não diminua a importância do tema abordado!

Anteriormente, mencionamos a importância de destacar, logo no início da apresentação, a relevância do tema a ser desenvolvido na apresentação. Entretanto, alguns oradores insistem em fazer exatamente o contrário, destacam que o assunto abordado é extremamente simples ou que se trata de uma questão já exaustivamente discutida. Ao diminuir a importância do tema abordado, conseguimos apenas provocar o desinteresse na platéia e diminuir a importância do papel que desempenhamos.

Mesmo que o assunto a ser tratado seja cansativo ou freqüentemente abordado, é necessário que destaquemos o ineditismo de nossa abordagem e esclareçamos que desenvolvemos uma apresentação de modo a tornar o tema instigante e envolvente.

A melhor técnica para atrair a atenção do público no início da apresentação é destacando as contribuições que a palestra trará para o desenvolvimento acadêmico, profissional e pessoal de cada um. O início da palestra é o momento de fazer propaganda de sua apresentação e não de desmotivar a platéia.

## Palavrões nem pensar!

Já destacamos a necessidade de respeitar a platéia, de apresentar-se de modo simpático e receptivo; não falar palavrões durante a palestra faz parte dessa demonstração de respeito. Alguns oradores possuem um perfil mais debochado, mas isto pode ser utilizado a favor deles por meio de demonstrações de ironia inteligente e de comentários com um sarcasmo refinado, jamais vulgarizando a imagem do orador.

Falar palavrões em situações formais certamente causa impacto na platéia, e na maioria das vezes esse impacto é negativo. Independente do tipo de público, é extremamente arriscado quebrar as regras da boa educação.

## Pense antes de falar e agir!

A máxima de pensar antes de falar ou de agir é a mais importante regra para não cometer gafes em público. Às vezes o orador passa a se sentir tão à vontade diante da platéia que se esquece de medir as suas palavras e ações. A seguir, apresentaremos algumas gafes cometidas em apresentações públicas, sejam palestras, entrevistas ou outras situações. Pode ser divertido para quem as observa, mas certamente são constrangedoras para quem as cometeu. Vale a pena analisá-las e refletir não somente sobre a necessidade de pensar antes de agir ou falar, como também da importância de não querer parecer mais cultos do que somos, falando de temas que desconhecemos.

Vejamos a seguir o que um político disse a uma de suas colegas:

– A senhora é mais gorda pessoalmente do que na TV.

A elegante vítima mal recobrava a respiração e foi abatida por outra "gentileza" do senador:

– Eu vou te mandar uns chás de pata-de-vaca. Mas a senhora precisará do apoio de uma esteira.

(*O Globo,* 16/12/2006)

Ao ser flagrado dirigindo bêbado, no momento da prisão, o ator Mel Gibson diz: "Malditos judeus (...) os judeus são responsáveis por todas as guerras do mundo."

(*O Globo,* 24/07/2006)

Como todos ficaram indignados com o que o ator disse aos policiais no momento da prisão, para atenuar a situação, o ator declara: "Não há desculpas nem deve haver qualquer tolerância para alguém que expressa algum comentário anti-semita."

(*O Globo,* 30/07/2006)

No Canecão, num show de Chico Buarque, no Rio de Janeiro, um fã soltou "tesãooooo". Chico pediu "tesão não, os meus netos estão na platéia". E emendou: "vovô viu a vulva?" Depois, corou de vergonha.

(*O Globo,* 16/01/2007)

Num show no Oi Noites Cariocas, no meio do pessoal do marketing da empresa telefônica Oi, ao ver a platéia com os celulares levantados, acompanhando uma música, Dinho Ouro Preto, vocalista do Capital Inicial, diz:

– Que coisa linda! Parece até propaganda da Vivo!

(*O Globo,* 15/12/2006)

Numa videoconferência com os jogadores da seleção, o presidente Lula acabou provocando um incidente quando perguntou ao técnico Carlos Alberto Parreira qual era o peso do jogador Ronaldo. Este jogador, que não estava presente na videoconferência, ao saber da pergunta, se sentiu constrangido e, num desabafo, o craque respondeu:

– Todo mundo diz que ele bebe pra caramba. Assim como é mentira que estou gordo, deve ser mentira que ele bebe pra caramba.

(*O Globo,* 10/06/2006)

Além dessas situações que viraram até notícia de jornal, há outras gafes que já se tornaram lendárias, como quando Hebe Camargo teria perguntado ao líder do conjunto Octeto de Brasília quantos integrantes faziam parte do grupo. Ou mesmo quando, em uma entrevista, Susana Werner teria dito que o gênero de que mais gostava era comédia e que estava lendo *A Divina Comédia,* de Dante.

O mais importante é que podemos aprender com tais gafes e evitar situações vexatórias.

# Capítulo 3

## Expressão corporal: o corpo como um instrumento de persuasão

Ao pensar em apresentações em público, a maioria das pessoas preocupa-se em como deve agir diante de situações intimidadoras, provocadas principalmente pelas reações da platéia. Esse receio, extremamente natural, deve-se essencialmente ao desconhecimento de técnicas que possibilitam envolver e cativar os espectadores.

Ao contrário do que muitos possam pensar, antes de atentar para o conteúdo da apresentação, o público avaliará o orador por meio da postura que ele apresenta. Afinal, segundo estudo realizado pela Universidade da Califórnia, 55% do impacto da comunicação deve-se à expressão corporal. Tal fato explica porque alguns exímios escritores, dotados de uma excelente habilidade de comunicação escrita, às vezes têm dificuldade para desenvolver boas apresentações em público.

O corpo consiste em um poderoso instrumento para a transmissão de emoções e auxilia no processo de transmissão de conhecimento, podendo, assim, definir o sucesso ou fracasso de uma apresentação. O problema é que a maioria das pessoas não possui uma consciência corporal adequada para que possa utilizar o corpo a seu favor no momento da apresentação. Dessa forma, as pessoas acabam por abdicar desse importante recurso. Veremos a seguir meios de utilizar a expressão corporal de modo a envolver a platéia, causar uma impressão de segurança e credibilidade e, ainda, fazer do corpo um complemento do processo de transmissão de conhecimento.

## A EXPRESSÃO CORPORAL E TODAS AS SUAS POTENCIALIDADES

### A segurança que as pernas podem representar

Em apresentações em público, muitas vezes atentamos para os gestos e relegamos as pernas para um segundo plano. Todavia, nossas pernas representam a nossa raiz, a base de uma postura adequada, assim, ao adotarmos uma posição inadequada das pernas, comprometeremos toda a nossa postura e, conseqüentemente, a nossa imagem. A pouca preocupação com a parte inferior de nosso corpo deve-se principalmente ao fato de que a atenção da platéia está voltada para a parte superior do corpo do orador. Entretanto, se apresentamos uma movimentação inadequada das pernas, chamamos a atenção dos espectadores para uma parte de nosso corpo que deveria passar despercebida.

Na maioria das vezes, a posição inadequada das pernas é a reprodução de uma postura descomprometida e pouco elegante que assumimos no dia-a-dia. Assim, a atenção constante e o cuidado em nos posicionarmos com elegância e adequação no nosso cotidiano terão reflexos no momento de nos apresentarmos em público.

Outro aspecto relevante no que se refere à postura é o cuidado em não fazer de nossas pernas o reflexo do nervosismo ou da insegurança presentes no momento da apresentação. Ou seja, há alguns movimentos que indicam à platéia o quanto nos sentimos pouco à vontade em determinada situação. Por exemplo, há oradores que se apresentam com as pernas extremamente unidas, o que denota o desejo do orador de se encolher diante do público. Alguns apresentadores chegam mesmo a cruzar as pernas, essa é uma postura que demonstra a necessidade de se proteger do público. Evite tais posições, pois elas podem pôr a perder todo o seu esforço de demonstrar segurança e credibilidade, uma vez que, mesmo de maneira inconsciente, os espectadores conseguem captar esses sinais.

Enquanto alguns oradores parecem se sentir acuados diante do público, outros demonstram, por meio da postura das pernas, extrema despreocupação com a imagem a ser transmitida. Principalmente os homens podem comprometer a sua credibilidade ao se apresentarem com as pernas muito afastadas. Além de deselegante, tal postura pode ser entendida como uma demonstração de descaso por parte do orador. A deselegância também está presente em uma postura que assumimos com freqüência: apoiarmos o peso do corpo em apenas uma das pernas. Às vezes, tal posição é o reflexo do cansaço do orador depois de algum tempo em pé, principalmente no caso das mulheres que utilizam salto alto. Veremos que, ao assumirmos a adequada postura com as pernas, evitamos o cansaço e, conseqüentemente, posições comprometedoras.

Quando muito nervosos, apresentamos alguns tiques com as pernas, como andar para a frente e para trás, apoiando na ponta dos pés. Nesse caso, o orador parece querer levantar vôo, algo nada recomendado em uma apresentação. Outras vezes, o orador levanta a planta dos pés, apoiando o peso nas laterais. Ambas posturas acabam por incomodar e irritar o público.

Após todos esses esclarecimentos, resta a pergunta: qual a melhor postura a ser assumida pelo orador? Recomenda-se que ele mantenha as pernas um pouco afastadas, com os joelhos levemente flexionados. Ao afastarmos um pouco as pernas, reproduzimos, com naturalidade, o modo como paramos para conversar com alguém. Os joelhos levemente flexionados auxiliam o orador a sentir-se confortável, evitando, assim, dores nas pernas durante longas apresentações.

Existem ainda outras dúvidas no que se refere à postura das pernas durante apresentações em público. Alguns oradores não sabem se devem andar ou se manterem parados durante a palestra. Nesse caso, as condições do local da apresentação são essenciais para definir qual a melhor atitude a se tomar.

Caso você se apresente em um local amplo, em que haja espaço para caminhar, o ideal é que você se movimente. O mais importante é que esta movimentação ocorra de modo extremamente natural e espontâneo. Lentamente, você poderá se dirigir às laterais do palco, esta é uma das formas de demonstrar que está atento a todos os espectadores, até mesmo àqueles que estão nas fileiras laterais.

Também existe a possibilidade, desde que o ambiente permita, de o orador caminhar entre o público. Tal estratégia torna a apresentação mais dinâmica e permite um contato maior com os espectadores. Mas tenha o cuidado de, ao retornar ao palco, não dar as costas para a platéia. Quando se aproximar de alguém da platéia, lembre-se de respeitar a chamada "zona de conforto corporal", ou seja, caso você se aproxime demais, as pessoas poderão sentir-se intimidadas e incomodadas. O importante é que, ao caminhar durante a apresentação, você não saia do campo de visão dos espectadores, afinal, você deve dar atenção a todos.

Apesar dos benefícios de caminhar durante a apresentação, tal estratégia não é determinante para o sucesso desta. Muitas vezes o espaço reservado para o orador é bastante restrito, em tais casos, mantenha a postura recomendada e capriche na execução de outros movimentos que veremos a seguir.

## Não se esqueça do quadril

O quadril é peça importante da expressão corporal, porém, principalmente para os homens, essa é uma parte do corpo completamente desconsiderada. Ao manter o quadril muito rígido durante a apresentação, comprometemos a movimentação de outras partes do nosso corpo. Assim, quando tratamos do quadril, pretendemos facilitar principalmente a gesticulação e a demonstração de atenção a todos os espectadores.

Quando tratarmos de expressão facial, reforçaremos a importância de olharmos para todos os lados da platéia. Todavia, se contarmos apenas com a movimentação do rosto, nos tornaremos muito artificiais. O ideal é que o orador vire o seu quadril em direção à platéia quando estiver olhando para os espectadores. Assim, a sua movimentação será natural e o público se sentirá prestigiado, pois entenderá que todo o seu corpo trabalha no intuito de demonstrar atenção.

## Os gestos são um poderoso aliado

Algumas pessoas reclamam do fato de "falarem com as mãos" durante as apresentações em público. Tal característica não representa um defeito, mas sim um recurso bastante enriquecedor. Por isso, se você costuma manter os braços estendidos ao longo do corpo durante a apresentação, se mantém as mãos unidas ao proferir o discurso, ou mesmo se costuma cruzar os braços, conheça a seguir algumas técnicas de gesticulação.

Embora "falar com as mãos" seja uma maneira de tornar a apresentação dinâmica e de facilitar a transmissão de informações, alguns cuidados são necessários. A gesticulação deve ser comedida e não deve chamar mais atenção que o todo de sua apresentação. Assim, evite gesticular acima da linha do pescoço. Gestos abaixo da linha da cintura também devem ser evitados, pois você chamará a atenção para a parte inferior de seu corpo, o que não é recomendado. O ideal é que, ao gesticular, você imagine um quadrado da altura da cintura até o pescoço, em que, dentro dele, podemos movimentar as mãos de modo adequado.

Embora tais recomendações possam transmitir a impressão de que o ato de gesticular seja mecânico, a verdade é que a melhor forma de utilizar as mãos e os braços em uma apresentação é agindo com extrema espontaneidade. A forma como gesticulamos quando conversamos com amigos, em situações informais, na maioria das vezes, é bastante adequada.

Vale lembrar que os gestos podem facilitar a transmissão de informações, ou seja, você poderá fazer movimentos que ajudem a ilustrar o conteúdo da apresentação. Por exemplo, ao fazer uma enumeração, o orador poderá indicar com os dedos cada um dos itens mencionados. Ao referir-se a fatos passados, o orador poderá apontar o dedo polegar para trás. Quando mencionar fatos futuros, ou informações que indiquem progresso, há a possibilidade de movimentar o braço para frente. Assim, a platéia conseguirá visualizar o conteúdo do discurso e perceberá uma coerência entre seus gestos e sua fala.

Apesar de consistir em um recurso enriquecedor, a gesticulação deverá obedecer ao bom senso. Se você fizer um gesto para cada palavra proferida, a apresentação ficará extremamente caricata, como se você se comunicasse por meio de linguagem de sinais.

Embora a gesticulação não possa e não deva ser programada, pois acabaria com toda a naturalidade, ao treinar para a apresentação, você poderá pensar em gestos que, em determinados momentos, poderiam ser adequados.

## Atenção à expressão facial

Por meio de nossas expressões faciais deixamos transparecer nossas emoções, assim, o bom orador sabe utilizar este recurso como um meio de cativar a platéia e destacar o seu envolvimento com o assunto tratado. Em primeiro lugar, é necessário que o orador inicie a sua apresentação com uma fisionomia tranqüila, a fim de demonstrar segurança, e satisfeita, como meio de transparecer que se apresentar para aquele público é um prazer, e não uma tarefa árdua e enfadonha. Tais cuidados são importantes, uma vez que suas emoções, representadas pela expressão facial, influenciam o modo como os espectadores encararão a sua apresentação.

Variar a fisionomia ao longo do discurso é um meio de transparecer naturalidade, assim, nossas expressões devem ser o reflexo do tema tratado. Se o assunto de nossa apresentação referir-se a tragédias ou a problemas sérios, deveremos nos apresentar com uma fisionomia consternada; se tratamos de uma temática mais amena, nossas expressões deverão apresentar mais tranqüilidade. Ao citarmos casos de corrupção, nossa fisionomia deverá indicar reprovação. Em contrapartida, ao contarmos casos divertidos, nossas expressões poderão ter um aspecto cômico e descontraído.

Um exercício bastante produtivo é observar as expressões faciais de apresentadores de telejornais; suas expressões variam de um tom consternado a um mais ameno em pouco tempo, de acordo com o teor da notícia. Em certos momentos de mais descontração, alguns chegam mesmo a abdicar da seriedade que os caracteriza e riem após algumas notícias.

Não há uma técnica específica para trabalhar as expressões faciais, o importante é que você invista na espontaneidade, assim, certamente apresentará as expressões adequadas ao longo de seus discursos.

Outro cuidado importante é não deixar que a seriedade e a tensão que caracterizam o momento da apresentação o impeçam de sorrir no decorrer de sua palestra. Ao iniciar o seu discurso com uma expressão sorridente, além de confiança, você transmitirá uma imagem simpática e agradável; você deverá recorrer a esse recurso também em outros momentos de sua apresentação, desde que não esteja tratando de uma temática muito séria.

Quando tratamos de expressão facial, é essencial atentarmos para o nosso olhar. Algumas pessoas não sabem para onde devem olhar ao longo da apresentação; para não encarar o público, muitas vezes fixam o olhar na parede e assim se mantêm ao longo de todo o discurso. Esse é um erro que pode comprometer muito o resultado da apresentação, se ignorarmos a presença dos espectadores, haverá uma grande chance de eles fazerem o mesmo.

É essencial que o orador olhe para todos os lados do auditório ao longo da apresentação, esse é um importante sinal de atenção para que a platéia perceba que você se dirige a todos os espectadores. Algumas vezes passamos a maior parte do tempo olhando para apenas um dos lados da platéia, isso ocorre principalmente quando uma parte específica do público se mostra mais receptiva. Entretanto, o orador não poderá desconsiderar nenhum espectador, mesmo aqueles que se mostrarem hostis ou desinteressados. Tenha também o cuidado de não encarar fixamente e por muito tempo algum espectador, mesmo que ele se mostre bastante interessado, pois você o constrangerá e perderá a atenção do restante do público.

O orador também deverá estar atento à posição da cabeça, caso você se apresente com a cabeça baixa, demonstrará insegurança e subserviência, o que comprometerá a sua credibilidade. Apresentar-se com a cabeça muito elevada poderá indicar arrogância e desrespeito. A sua cabeça deverá estar em uma posição adequada para que consiga encarar a platéia. Por meio de tais cuidados, você transmitirá a impressão de que a sua palestra se aproxima de uma conversa, caracterizada pela naturalidade.

## Esclarecendo algumas dúvidas

Ainda no que se refere à expressão corporal, há algumas dúvidas que podem surgir no momento da apresentação. Por exemplo, como agir quando devemos nos apresentar sentados ou atrás de um púlpito? Nesses casos, é essencial investir ainda mais na gesticulação e nas expressões faciais, a fim de não tornar a sua palestra monótona.

Ao se apresentar sentado, mantenha as pernas cruzadas ou bem fechadas; no caso das mulheres, principalmente quando estiverem de saia, uma postura adequada é manter as pernas fechadas e levemente voltadas para o lado, com os pés cruzados. Assim, não haverá o risco de ficarem preocupadas em cruzar ou descruzar as pernas.

Quando atrás do púlpito, deveremos manter a postura recomendada para uma apresentação em pé. O único cuidado é de não se apoiar na tribuna, pois tal postura é deselegante e poderia transmitir a imagem de descaso ou de cansaço.

Evite também, em qualquer apresentação, segurar objetos, como canetas ou papéis. Pois isso desviaria a atenção dos espectadores que acabariam por atentar para o objeto em vez de observar as expressões do orador.

Em certos momentos – como quando alguém da platéia se pronuncia ou algum recurso audiovisual está sendo utilizado –, o orador deve se manter parado. Nesses casos, procure manter os braços estendidos ao longo do corpo de forma natural, ou as mãos unidas na linha da cintura.

Por fim, vale ressaltar que as recomendações acerca da expressão corporal não devem representar uma camisa de força que impede o palestrante de ser espontâneo. É possível que o orador tente adequar tais recomendações ao seu perfil. Basta observar apresentadores de sucesso, que você perceberá que muitos deles subvertem algumas das regras citadas em nome da originalidade.

Além disso, a postura do orador pode se adequar ao perfil de seu público. Apresentadores como o Ratinho, que se dirigem a um público pouco intelectualizado, costumam recorrer a uma gesticulação exagerada, com movimentação brusca. Em contrapartida, apresentadores como Jô Soares costumam utilizar gestos comedidos, melhor apreciados por uma platéia mais culta.

Percebemos uma distinção entre esses apresentadores não somente no que se refere à gesticulação, mas também em relação à opção por se apresentar em pé ou sentado. Programas bastante dinâmicos, repletos de atrações, pedem que o orador se apresente em pé e se movimente bastante pelo palco. Já programas que pretendem reproduzir uma conversa intimista, como certos programas de entrevista, são melhor conduzidos com o orador sentado.

Também no que se refere à expressão corporal, podemos aprender muito ao observarmos apresentadores de televisão. Assim, poderemos analisar os seus gestos e posturas, bem como os efeitos produzidos pela expressão corporal adotada.

## O risco dos gestos

Assim como cada cultura possui um idioma, os gestos também podem adquirir diferentes significados de acordo com o país. Quando nos apresentamos para uma platéia composta por espectadores de diferentes origens, devemos ter o cuidado de obter o máximo possível de informações acerca do significado dos gestos em tais culturas, a fim de evitarmos algum mal entendido ou falhas na comunicação.

Obviamente, nesses casos, o público será tolerante com algum deslize do orador. Entretanto, ao demonstrar que se preocupou em conhecer um pouco da cultura e das particularidades de seu público, você conquistará os espectadores que se sentirão prestigiados e reconhecerão o seu preparo e organização.

Poucas pessoas têm a oportunidade de se apresentarem em outro país, todavia, em razão do grande número de transnacionais estabelecidas no Brasil, as quais contam com executivos provenientes do país sede da empresa, conhecer diferentes culturas é sempre um diferencial que o orador pode possuir. Vejamos a seguir os diferentes significados que alguns gestos possuem.

### Apertar a ponta da orelha

• No Brasil

É um sinal de aprovação.

• Na Índia
É uma forma de se desculpar, ou de mostrar arrependimento por uma falha ou erro cometido.

• Na Itália
Indica que a pessoa que está sendo apontada é homossexual.

## Apontar com o polegar para cima, com os quatro outros dedos fechados na palma

• No Japão
Significa o número 5.

• Na Alemanha
Significa o número 1.

• No Brasil
Significa que está tudo certo e serve também para pedir carona.

• Na Europa e nos EUA
É um pedido de carona.

• Na Turquia
Significa um convite homossexual.

• Na Nigéria e na Austrália
É um gesto obsceno.
O mesmo significado que tem no Brasil o gesto de encostar a ponta do polegar na ponta do indicador, formando um círculo. Por sinal, o significado que esse gesto tem no Brasil é o mesmo na Turquia e na Rússia.

## Encostar a ponta do polegar na ponta do indicador, formando um círculo

• Nos EUA
Significa que está tudo certo, positivo.

• No Japão
Significa valor financeiro – moeda, dinheiro.

• Na França
Significa que é algo sem valor, zero.

• Na Turquia
Significa que alguém é homossexual.

## Mão em forma de figa

• No Brasil
Significa indicação de boa sorte.

• Na Croácia
O significado é de algo sem valor ou de um não.

• Na Turquia e na Grécia
Tem significado obsceno.
É o mesmo significado que tem no Brasil o gesto de bater no círculo formado com o indicador e o polegar, quase fechado, com a palma da outra mão.

• Na Tunísia e na Holanda
Significa o pênis.

## Raspar o queixo com a ponta dos dedos

• No Brasil
Significa "sei lá, não tenho essa informação".

• Na Itália (região Sudeste)
Significa "sem chance".

• Na França
Significa "saia daqui".

## Mover a cabeça no sentido lateral, de um lado para o outro

• Em quase todos os países do Ocidente
Significa "não".

• Na Bulgária, na Grécia, no Irã e na Turquia
Significa, por incrível que pareça, "sim".

## Movimentar o dedo indicador esticado em círculos na região da têmpora

• No Brasil e nos EUA
Significa que alguém não está sendo racional, que está maluco.

• Na Argentina
Significa que uma pessoa está querendo falar com a outra.

• Na Alemanha
Significa que alguém fez barbeiragem no trânsito.

## O chifre feito com os dedos mínimo e indicador, enquanto o médio e o anular ficam fechados

• No Brasil e na Itália
Significa que o marido está sendo traído pela mulher.

• Na Venezuela
Significa conquista, sorte, futuro promissor.

• Nos EUA – região do Texas
Significa que o torcedor está solidário e dando apoio ao seu time.

# Capítulo 4

## Técnicas vocais a serviço do sucesso em apresentações em público

Além da expressão corporal, o tom de voz também representa um importante fator no que se refere ao sucesso da apresentação em público, pois 38% do impacto da comunicação verbal se deve à entonação. Antes de estudarmos algumas técnicas vocais que podem auxiliar a aprimorar a utilização desse recurso, é necessário reforçar a importância de conhecermos o nosso tom de voz.

É notório o fato de que nós temos uma percepção da nossa voz distinta daquela que os outros possuem, isso ocorre porque ouvimos o som da nossa voz dentro de nossa cabeça com toda a ressonância produzida pelos ossos. Enquanto os outros a ouvem de acordo com a vibração de uma onda de ar. Assim, é interessante que você possa ouvir a sua voz gravada, para que possa ter uma percepção semelhante à obtida pelas outras pessoas. Certamente tal exercício provocará estranheza, mas será benéfico para que você possa aprimorar as suas técnicas vocais.

Assim como o nosso corpo pode indicar insegurança e nervosismo, também o tom de voz pode ser um transmissor de tais sensações. Gaguejar, falar muito baixo ou muito rápido são indícios do estado emocional do orador. Por meio de algumas dicas simples, poderemos fazer de nosso tom de voz um aliado na transmissão de informações e na construção de uma imagem de confiança.

## ● Variação do ritmo da voz como um instrumento de sedução

É essencial que orador tenha em mente a necessidade de variar o ritmo de sua voz ao longo da apresentação. Nada mais monótono que uma palestra em que o orador apresenta um ritmo de voz cadenciado do começo ao fim do discurso; além de provocar sonolência na platéia, essa repetição o impede de chamar a atenção para algumas informações mais relevantes do discurso e impossibilita o apresentador de transmitir emoção em sua apresentação.

Um dos recursos mais eficazes para manter o público atento durante longas apresentações é variar o ritmo da voz, assim, a platéia tem a impressão de que, a cada momento em que o orador modifica o ritmo da voz, tem-se uma nova apresentação. Os mais relevantes recursos para que possamos modificar o nosso ritmo de voz são a velocidade e o volume.

## Volume da voz

Muitas vezes os oradores têm dúvida em relação ao melhor volume de voz para conduzir uma apresentação. Não existe um padrão a ser utilizado, principalmente porque o volume da voz deve estar adequado à acústica do ambiente, ao tamanho da platéia e à distância que o orador se encontra dos espectadores. Todavia, é recomendado que o orador utilize um tom de voz um pouco mais elevado do que o necessário para que as pessoas o ouçam.

Antes do dia de sua palestra, procure conhecer o local reservado para a apresentação. Verifique a acústica do ambiente e avalie se há a necessidade de utilizar microfone. Analise também se haverá aparelhos de ar condicionado ligados no momento da apresentação, pois alguns deles podem fazer barulhos que interferem na avaliação da acústica do local.

É importante que o orador não utilize um tom de voz muito baixo, o que dificultaria a compreensão da platéia e, conseqüentemente, provocaria uma dispersão por parte dos espectadores. A voz do orador deverá estar perfeitamente audível mesmo para aqueles que estarão sentados nas últimas fileiras e nas laterais do auditório. Para isso, vale a pena perguntar à platéia se o seu volume de voz está adequado, se todos podem ouvi-lo perfeitamente.

Apresentar-se com um tom de voz extremamente elevado também prejudica a imagem do orador, uma vez que a sua voz poderá irritar a platéia e fazer com que assistir a sua palestra seja uma verdadeira tortura. Assim, o ideal é o equilíbrio, seu tom de voz deverá ser forte, audível, mas comedido e agradável aos ouvidos.

Destacamos anteriormente que o volume da voz também poderá ser um recurso utilizado pelo orador para lidar com conversas paralelas durante a apresentação. Basta diminuir o tom de voz para que a platéia perceba a necessidade de chamar a atenção daquelas pessoas que conversam e prejudicam a compreensão de seu discurso por parte dos outros espectadores.

Logo adiante veremos como o volume da voz poderá auxiliar o orador a destacar as informações mais relevantes no conteúdo da apresentação.

## Velocidade da fala

Assim como ocorre com o volume, não há uma velocidade ideal para conduzir uma apresentação. A velocidade da fala depende de seu perfil, do conteúdo do discurso e da proposta de sua apresentação. De qualquer forma, evite falar de modo muito rápido, pois isso prejudicaria a compreensão por parte da platéia e transmitiria uma imagem de nervosismo e ansiedade.

Apresentar-se com uma fala muito lenta também compromete o sucesso da palestra. Quando o orador fala muito devagar, a apresentação torna-se cansativa e os espectadores passam a ficar incomodados com a extrema tranqüilidade do orador. Além disso, é mais difícil para o orador conferir emoção ao discurso quando fala com lentidão excessiva.

Existe uma relação entre o conteúdo da informação transmitida e a velocidade da fala. Quando tratamos de aspectos que envolvem dinamismo, mudança, evolução, é interessante que o orador aumente a velocidade da fala, a fim de que o público possa perceber o caráter dinâmico das informações. Ao tratar de informações que envolvem estagnação e estabilidade; o orador deverá diminuir a velocidade da fala. Mesmo quando pretende conferir um caráter mais intimista à apresentação, o orador deverá diminuir o ritmo do discurso. Ou seja, quando quiser provocar ação na platéia, fale com mais velocidade. Quando desejar provocar reflexão, fale de modo mais lento.

Se observarmos diferentes programas de televisão, perceberemos que a velocidade da fala do orador varia de acordo com a proposta do programa e com o quadro que está apresentando. Em programas que apresentam uma platéia grande e um variado número de atrações, o apresentador costuma falar em um ritmo de voz mais rápido. Já em programas de entrevista, muitas vezes sem público presente, o orador procura falar de modo mais lento, a fim de envolver o telespectador no clima intimista da entrevista.

Um pouco mais adiante analisaremos como a velocidade da voz poderá auxiliar o orador a destacar as informações mais importantes do discurso.

## A ênfase como um instrumento facilitador da compreensão

Além da velocidade e do volume da voz, o orador deverá atentar para a necessidade de enfatizar algumas informações ao longo do discurso. A maneira como pronuncia determinadas palavras ou expressões poderá ressaltar uma parte específica do conteúdo e orientar a compreensão dos espectadores de acordo com o seu intuito.

Pensemos em uma frase como: "o presidente aprovou medidas polêmicas para incentivar o crescimento econômico". Se quiséssemos ressaltar quem praticou a ação, enfatizaríamos a palavra "presidente". Para reforçar a avaliação acerca das providências tomadas, enfatizaríamos a palavra "polêmicas". Para ressaltar o intuito das medidas aprovadas, reforçaríamos a expressão "crescimento econômico". Essas são algumas das inúmeras possibilidades de ênfase que o orador poderia conferir à frase.

Se observarmos os apresentadores de telejornais, perceberemos que a ênfase conferida a esta ou àquela expressão indica o foco que o programa pretende dar à notícia. Assim, a tão comentada neutralidade jornalística pode ser desmentida não apenas pelo conteúdo das notícias como também pela pronúncia do apresentador.

Ao se preparar para a apresentação, procure selecionar algumas palavras ou expressões que poderiam ser enfatizadas ao longo do discurso de acordo com o foco que você pretende conferir à palestra. Obviamente, tal preparo serve apenas como um treino, não deverá de modo algum prejudicar a naturalidade e a espontaneidade da apresentação.

## Relação entre entonação e conteúdo

Quando tratamos do foco a ser conferido a determinadas informações, vale ressaltar que existem algumas relações práticas entre velocidade e volume e à importância da informação transmitida.

Quanto mais importante for a informação, menor deverá ser a velocidade e maior deverá ser o volume conferido a esse conteúdo.

| | **Velocidade** | **Volume** |
|---|---|---|
| **Mais importante** | Menos (-) | Mais (+) |
| **Menos importante** | Mais (+) | Menos (-) |

Ao seguir tais instruções, você poderá orientar a compreensão da platéia, fazendo com que o público não se disperse diante de informações essenciais.

## ● Melhore a sua dicção

Desnecessário reforçar a importância de o orador falar com clareza, afinal, o objetivo dele é se fazer entender. Assim, existem inúmeros exercícios que podem ser realizados pelo orador para aprimorar a pronúncia das palavras. Obviamente, quando os problemas de dicção são graves e comprometem demais a clareza da fala, é necessário consultar um fonoaudiólogo.

Veremos a seguir algumas técnicas que podem aprimorar a dicção, desde que praticadas com freqüência e não somente dias antes da apresentação.

Um bom exercício para melhorar a dicção é treinar a pronúncia dos famosos trava-línguas. Para dificultar a execução do exercício acima, você poderá pronunciá-los com algum obstáculo, como uma caneta ou o dedo indicador na boca.

1. Em cima daquele morro tem uma arara loura. A arara loura fala. Fala, arara loura!

2. O tigre estraga o trigo, tire o tigre do trigal.

3. Um tigre, dois tigres, três tigres me intrigam.

4. A aranha arranha o jarro. O jarro arranha a aranha.

5. O pinto pia, a pia pinga. Quanto mais o pinto pia, mais a pia pinga.

6. O peito do pé de Pedro é preto. É preto o peito do pé de Pedro.

Também é importante praticar a pronúncia de ditongos, tritongos e hiatos, já que muitas vezes omitimos a pronúncia de alguma das vogais. A fim de evitar tal falha, leia soletrando cada palavra antes de juntá-las, dessa forma você poderá perceber qual é a sonoridade mais adequada.

/ AI / – A gaita do pai de Adelaide está embaixo da caixa.
/ ÃI / – A faina de debulhar paina dá cãibras.
/ EU / – O apedeuta plebeu leu com fleuma no Ateneu.
/ ÉU / – Leléu fez um escarcéu por causa do chapéu do réu.
/ IU / – Titio viu quem caiu, riu e fugiu.
/ OI / – O doido afoito comeu de noite dezoito biscoitos.
/ OU / – O roubo do tesouro numa trouxa de couro.
/ UI / – Fui colher flores ruivas e azuis nos pauis.
/ ÃE / – Os cães da mãe dos capitães levam-lhe pães.
/ ÃO / – O cristão leva no gibão lição e pão.
/ ÕE / – Põe os botões nos cordões sobre os corações.
/ UI / – As fuinhas são ruins e causam muito prejuízo.
/ EM / – Ninguém vem a Belém sem vintém.
/ UA / – Quatro guardas esquálidos aguardavam a esquadra.
/ UO / – O quorum pagará uma quota quotidiana.
/ UO / – O contínuo do Frutuoso é impetuoso.
/ UA / – Enquanto os guanacás guampeiam os guanas comem guandos.
/ ÜE / – O delinqüente agüentará dois qüinqüênios seqüentes.
/ ÜE / – O seqüestro de uma seqüela de rastaqüeras.
/ IA / – O pária não vê as glórias da pátria.

É importante também que o orador pratique algumas técnicas de leitura oral, atentando para a interpretação e entonação conferida às frases. As linhas a seguir deverão ser lidas em voz alta, a fim de que você possa interpretá-las de forma clara e expressiva.

O que era aquilo, meu Deus? Quero ver! Deixa de ser chato! Ah, é assim? Não interessa! Vem cá! Ah, bom! Eu me saí bem, não? Ei!

Que negócio é este? Puxa, que transformação! Está quase perfeito... Você é tão inteligente! A senhora me dá licença? Então, aceita? É mesmo? Mas isto é maravilhoso! Ele fala francês? Não vejo necessidade... Que é que você acha? Não importa que lhe faça algumas perguntas? Não pode ser outra coisa! Fica bem assim? Se eu tivesse o dinheiro... Como agir, então? Pra criar problemas? Isso ele disse... E a verdade? Mas por que ele iria fazer tal coisa? Meu amigo, do que se trata? Fez boa viagem? Jóias? Para que eu quero jóias? Segui-los para onde? Isso é pura idiotice! O que você faria em meu lugar? Saia, já disse! Tem alguém em casa? Então!... Você nunca se importou comigo! Espere... quem é você? Que lugar tenebroso! Você está bem mesmo? Outra vez? Oh, meu Deus! O quê? Puxa, desculpe! Afinal, que espécie de pai é o senhor? Entre! Você está bêbado? Minha nossa! Oh, não! Que é que ele tem? Coitadinho... isso não se faz! Que boas notícias! Vamos almoçar? Sabe o que eu disse? Há quanto tempo! Que foi? Acordei você? Não seja infantil! E então? Você vai aceitar? Acho bom! Bobagem! Você? Como? É um louco! E se eu não conseguir? É a vida! Qual é? Estás a fim de quê? Você não pode falar assim! Quem vem para jantar? Não admito ofensas! Você vai demorar muito? Incrível...! Como dorme... Parece uma eternidade! É grave? Nunca pensei que ele fosse tão grosseiro! Posso dizer uma coisa? Eu te amo... Logo depois... Eles quem? Qual é a idéia? Já escreveu alguma coisa inteligível? Pronto! Vai começar tudo de novo... Será que ela não se cansa de ficar nessa apatia? Quero ver isso! Sim senhor!....Estou com uma fome!... Posso espiar? Acho que já sei do que se trata! Eu não lhe disse? O que foi que ele disse? Eu não ouvi. Não vou ouvir mais nada, vou é sair! Você vai me ouvir até o fim... Volte já aqui! Vou para fora, fora, fora! Pare com esses gritos! Será que você ficou louco de repente? Fiquei sim. O que é que você tem, seu... idiota? Eu não tenho nada, está ouvindo? Fale mais baixo! Meu Deus, que frio medonho...! Então? Fale de uma vez! Isto por acaso lhe pertence? Sim, é meu. Não diga! Que novidade é essa? É seu por quê? Como "por quê"? Acho que você não compreendeu bem... Desde quando isso lhe pertence? Como "desde quando"? Desde sempre! Ah! Isso é que não... Pare com isso! E não grite! O que foi que houve? Por que estão gritando? Você é um intrigante! O quê? Eu, um intrigante? Cale-se! In-tri-gan-te! Puxa, que alívio... Quem lhe botou esta idéia na cabeça? Você conhece aquela rua? Hein?... O quê?... Desculpe estava falando comigo? Bem... eu... acho que sim... Deixe-me ver... Ah, conheço sim! Que coisa! Que coisa...O quê? É revoltante! É... horrível! O que é que você acha? Eu... não sei... não sei mesmo! Por que você não me contou tudo isso? Eu não entendi nada. Mentira! Não, não é mentira! Não quero ouvir mais nada, pronto!

Após ler o texto acima de acordo com a sua percepção da adequada interpretação a ser conferida a cada uma das frases. Você poderá ler as seguintes frases de acordo com o sentimento sugerido:

Orgulho: Quem manda aqui sou eu!
Humildade: Quem sou eu ao seu lado...
Revolta: Isto não fica assim!
Cólera: Saia da minha frente!
Reflexão: Vamos ponderar...
Excitação: Vamos depressa!
Calma: Tem tempo, já vou...
Aversão: Não suporto esse cheiro.
Castigo: O senhor está preso!
Perdão: Por essa vez, vai em paz.
Alvoroço: Incêndio! Fujam rápido!
Tranqüilidade: É boato...
Desejo: Quero morrer na minha terra...
Renúncia: Partirei em paz.
Angústia: O médico não chega!
Alívio: Graças a Deus...
Respeito: Receba as minhas homenagens.
Desprezo: Você não sabe o que diz...
Amor: Como te quero, amor!
Ódio: Maldito seja pelo ideal perdido.
Alegria: Como estou contente!
Tristeza: Que coração magoado...
Comando: Silêncio!
Pedido: Por favor, silêncio...
Admiração: Que maravilha!
Horror: Que cena deprimente.
Remorso: Como lastimo o mal que fiz...
Inconsciência: O que está feito, está feito.
Espanto: Onde é que você andou??
Indiferença: Já esperava por você...
Promessa: Terás um bom prêmio.

Ameaça: Se não estudar, será reprovado!
Triunfo: Meu time venceu!
Derrota: Perdemos...
Altruísmo: Tudo o que é meu é seu.
Egoísmo: Ganhei com o meu suor.
Impolidez: Espere lá fora!
Polidez: Faça o favor de entrar, seja bem-vindo.

Por fim, para treinar a habilidade de conferir a adequada emoção a um texto por meio da flexão da voz, é interessante treinar a leitura de poemas em voz alta. Procure notar a emoção que caracteriza cada poema e faça da sua voz um instrumento transmissor de tal sentimento. Além da entonação, você poderá treinar a gesticulação como um elemento enriquecedor da apresentação.

A correta pronúncia das palavras está atrelada a uma respiração adequada. Além disso, algumas técnicas de respiração poderão auxiliá-lo a controlar o nervosismo e a ansiedade antes da apresentação. A seguir, veremos algumas técnicas respiratórias.

Expandir a musculatura do diafragma: inspirar enchendo primeiramente a região abdominal e depois as costelas, lateralmente. Expirar primeiramente o ar do abdômen e depois da parte lateral das costelas. Realizar esse exercício em um movimento contínuo.

Treinar a saída de ar: inspirar abrindo as costelas e na expiração soltar o ar firmando o abdômen tentando não fechar as costelas. À medida que o ar vai acabando, aumentar a pressão da musculatura abdominal. Esse exercício pode ser feito contando o tempo da saída do ar para ir aos poucos dominando maior tempo na saída. Por exemplo, soltar o ar em dez tempos, depois em quinze, vinte...

Treinar a abertura das costelas: vá inspirando lentamente e ao mesmo tempo levantando os braços na lateral até que cheguem à altura dos ombros. Mantenha alguns segundos a inspiração e observe que suas costelas estarão mais abertas na lateral. Solte o ar e tente manter as costelas abertas. Faça uma vez a expiração com os braços ainda na lateral e depois tente fazê-la soltando os braços, mas mantendo as costelas abertas.

# Capítulo 5

## Organização do discurso: mostre que você tem conteúdo!

Destacamos que 55% do impacto da comunicação deve-se à expressão corporal e 38% ao tom de voz. Sendo assim, apenas 7% relaciona-se ao conteúdo do discurso. Todavia, tais informações não indicam que um orador dotado de boa capacidade de expressão corporal e com o domínio de técnicas vocais, mas destituído de conhecimento sobre o assunto, desenvolverá uma apresentação de sucesso.

Quando tratamos do impacto da comunicação, referimo-nos aos fatores que primeiramente impressionam a platéia. Entretanto, após analisar a sua postura e o seu tom de voz, os espectadores atentarão para a transmissão das informações. Sem dúvida, o orador conquistará definitivamente o público ao demonstrar domínio do assunto e habilidade para transmitir conhecimento.

Todos nós já travamos contato com pessoas que possuem um profundo conhecimento sobre determinado assunto, mas cuja capacidade de se fazer compreender deixou a desejar. Essa chamada falta de didática pode ser solucionada por meio de um extremo cuidado na seleção e organização das informações a serem transmitidas, bem como por meio do domínio de algumas técnicas que facilitam a compreensão por parte do público.

## ● Habilidades redacionais: seleção, organização e desenvolvimento do conteúdo

### A importância da leitura e a seleção de informações

Desde o início de nossa vida escolar, ouvimos inúmeros apelos que pretendem nos convencer da importância da leitura. Sem dúvida, é por meio da leitura que podemos adquirir diversas habilidades essenciais para que possamos elaborar discursos convincentes e consistentes. O bom orador é aquele que se preocupa não apenas em ser especialista em determinada área do conhecimento, mas também aquele que vê na leitura uma possibilidade de aumentar a sua bagagem cultural e sua capacidade intelectual.

Se você se preocupar em travar contato, por meio da leitura, com diferentes assuntos, poderá tornar o seu discurso interessante não apenas em razão do conhecimento partilhado com o público acerca do tema de sua apresentação, mas também por meio da transmissão de informações acerca de diferentes áreas. Obviamente, desde que tais informações possam ser relacionadas com o conteúdo de sua palestra.

Além de ser um leitor voraz, o orador deverá se preocupar em aprender a fazer uma leitura crítica. Ou seja, não devemos apenas absorver as informações que nos são transmitidas, mas também avaliar as intenções subjacentes àquele meio de informação; é necessário ponderar e comparar outros pontos de vista existentes sobre aquele assunto, a fim de definirmos a nossa opinião. Uma pessoa dotada de agudo senso crítico terá mais facilidade para convencer o seu público e envolvê-lo no assunto tratado.

Mesmo dotado de tais habilidades, o orador poderá encontrar dificuldades no momento de selecionar as informações a serem transmitidas em seu discurso. A seleção das informações deverá obedecer aos objetivos do orador, os quais, por sua vez, devem estar adequados ao tipo de público e às expectativas da platéia.

Antes de mais nada, é essencial que o orador tenha em mente qual será exatamente o assunto a ser tratado em sua apresentação. Por incrível que possa parecer, alguns oradores não têm bem definido o tema de sua palestra e desenvolvem apresentações em que tratam de diversos temas sem se aprofundar em nenhum deles. Por isso, defina com exatidão o tema de seu discurso e os aspectos relacionados a ele que poderão ser mencionados em sua apresentação.

Tendo definido o tema do discurso, avalie quais podem ser as expectativas e qual o grau de conhecimento do conteúdo que o público possui em relação a tal assunto. Assim, se você for se apresentar para especialistas na área, o tratamento do tema será bastante distinto daquele conferido a discursos que têm como espectadores pessoas leigas.

Além de verificar o domínio que o público possui do assunto, avalie o grau de escolaridade e a faixa etária da platéia. Assim, você poderá verificar não somente o tipo de informação interessante para aquele público, como também a linguagem a ser utilizada em sua apresentação.

Por meio de tais etapas, você decidirá o seu objetivo que, de modo simplista, poderá ser aprofundado no conteúdo tratado ou fornecer a base para que os espectadores comecem a travar contato com o tema de sua apresentação. Assim, você poderá selecionar os aspectos a serem tratados em seu discurso e as informações mais pertinentes para o desenvolvimento da apresentação. Ao selecionar as informações, destaque os aspectos principais do tema tratado, assim você poderá ressaltar os aspectos essenciais do conteúdo do discurso e desenvolvê-los de modo a facilitar a compreensão por parte da platéia.

Em tópicos, enumere os aspectos que pretende desenvolver, bem como as informações relacionadas a eles que devem ser inseridas em seu discurso. Com isso, você não correrá o risco de se esquecer de algo importante.

## A organização das informações como um meio de envolver a platéia

O modo como o orador organiza as informações não é pertinente apenas para facilitar a compreensão da platéia, mas também para conseguir cativá-la, tornando a sua apresentação dinâmica e fazendo com que o discurso não se torne cansativo.

Quando refletimos sobre algum assunto, muitas vezes as informações vêm a nossa mente de modo caótico, principalmente quando temos um elevado domínio do conteúdo e, conseqüentemente, conhecemos muitas informações relevantes. Assim, é essencial que o orador se coloque no lugar dos espectadores e procure organizar as informações de modo a fazer com que eles possam acompanhar a linha de raciocínio.

Também é necessário dosar a quantidade de informação a ser transmitida, se você bombardear o público com muitas informações, sem dar um tempo para que absorvam e reflitam acerca de cada uma delas, provavelmente o público terá dificuldades de assimilação. Assim, ao transmitir uma informação nova ou um pouco complexa, procure retomá-la mais adiante a fim de sedimentá-la na mente do espectador. Além disso, é sempre interessante ilustrá-la por meio de exemplos, assim, o público poderá entendê-la com mais clareza.

Para que sua apresentação não se torne cansativa, procure alternar definições e conceitos teóricos com histórias relacionadas ao tema e com informações de fácil assimilação. Também é essencial que o orador faça uma relação entre o tema tratado e as informações transmitidas com aspectos práticos da vida dos espectadores. Ou seja, a platéia dispersar-se-á caso não perceba como aquele conteúdo poderá auxiliá-la de alguma maneira. Relacionar o conteúdo do discurso com aspectos da realidade da platéia é um meio de envolvê-la e deixá-la sempre atenta à apresentação.

Ao organizar as informações a serem transmitidas, o orador deverá se preocupar em fazer com que exista uma relação de sentido entre elas. Ou seja, não deve haver uma ruptura na continuidade do discurso; o público deverá perceber a existência de uma grande coerência na organização do conteúdo. É interessante que o orador explicite em seu discurso a lógica existente entre as informações transmitidas. Assim, o orador poderá esclarecer se existe uma relação de causa e conseqüência, de oposição, ou de restrição entre as informações. Dessa forma, o orador poderá certificar-se de que o público compreendeu a sua linha de raciocínio.

## Desenvolvimento do conteúdo da apresentação

Após organizar as informações, o orador deverá preparar efetivamente a sua apresentação. Alguns professores de oratória não recomendam que o orador escreva o seu discurso exatamente como pretende proferi-lo, alegam que certamente o orador perderá a naturalidade e a espontaneidade no momento da apresentação. Todavia, o cuidado maior, como veremos a seguir, deverá ser o de não decorar o discurso. Ao prepará-lo previamente, o orador sentir-se-á mais seguro e poderá visualizar melhor a própria apresentação.

O desenvolvimento do discurso deverá ser marcado pela criatividade, tendo em vista que existem inúmeras formas de desenvolver um mesmo tema, é necessário que o orador procure uma abordagem inédita, surpreendente e dinâmica. Com o cuidado de fazer da criatividade a marca de seu discurso, você fará com que, independente do assunto tratado, a platéia sinta que a sua palestra foi única e não se parece com nada que já ouviu acerca do assunto.

Para que você desenvolva o conteúdo de modo criativo, evite se inspirar em outras apresentações a que tenha assistido sobre o assunto. Pense sempre em desenvolver as informações de modo agradável. A sua principal preocupação não deverá ser demonstrar o quanto domina o assunto, mas sim como consegue fazer dele, muitas vezes enfadonho e difícil, um interessante exercício de aprendizagem. A melhor forma de conseguir isso é fazendo analogias, comparações, ou seja, compare as informações transmitidas com conceitos ou informações de conhecimento comum. Assim, os espectadores poderão assimilar as informações com mais facilidade e de forma mais prazerosa.

Por fim, vale ressaltar alguns cuidados no desenvolvimento do discurso, normalmente iniciamos pelo começo, ou seja, primeiramente elaboramos a introdução de nossa apresentação. Todavia, só após ter elaborado todo o discurso, você será capaz de anunciar quais serão exatamente os tópicos abordados, bem como o caminho percorrido por sua palestra. Assim, elabore a introdução de seu discurso após ter desenvolvido todo o conteúdo, dessa forma, você poderá fazer uma prévia da linha de raciocínio adotada em sua palestra e conseguirá preparar adequadamente os espectadores para a sua apresentação. Ao elaborar a introdução, lembre-se de anunciar os benefícios práticos que a sua apresentação trará para o público, assim, ele estará mais atento ao discurso.

No que se refere à conclusão de sua apresentação, de modo geral, você tem algumas alternativas para terminar o discurso com impacto. Você poderá terminá-lo deixando uma reflexão atrelada ao conteúdo desenvolvido para os espectadores. Assim, a platéia sairá de sua palestra pensando sobre ela. Se você abordou algum problema, os espectadores sentir-se-ão parte da solução; você conseguirá um comprometimento do público com o assunto abordado.

Também existe a possibilidade de terminar o discurso de forma a provocar a ação da platéia, ou seja, o orador pode procurar impelir os espectadores a tomarem algumas atitudes e providências de acordo com o intuito de seu discurso. Obviamente, a opção por esta ou aquela conclusão dependerá do tema abordado, bem como do tratamento que você deu ao assunto. Se você fez um discurso mais reflexivo, nada mais lógico que concluir o discurso com esse tom. Caso você tenha elaborado uma palestra mais voltada à sensibilização da platéia sobre a necessidade de praticar determinadas atitudes, é interessante que você termine o discurso de modo a exaltar a importância de os espectadores agirem de uma forma específica.

Por fim, vale ressaltar que a elaboração do discurso assemelha-se à elaboração de um texto dissertativo. A seguir, há algumas dicas de como estruturá-lo:

### Introdução

- Assuma com convicção uma idéia a ser defendida.

### Desenvolvimento

- Assumida essa idéia, selecione os argumentos favoráveis a ela.
- Não descarte os argumentos desfavoráveis, pois eles podem servir para uma possível contra-argumentação.
- Elabore uma relação de argumentos e hierarquize-os, isto é, disponha-os na ordem do mais forte para o mais fraco.
- Procure manter as relações lógicas estabelecidas pelos próprios argumentos.
- Evite a repetição de argumentos, assim como as generalizações sem provas concretas ou particularizações indevidas.

### Conclusão

- Não introduza nenhum dado novo, pois a conclusão é o desfecho de uma idéia básica que foi desenvolvida na trajetória do texto.
- Se possível, procure dar à conclusão a forma de uma resposta ao problema levantado quando da discussão do tema.
- Caso o assunto permita, apresente possíveis soluções para o problema analisado.
- Evite finais "róseos" e lugares-comuns.

## Algumas técnicas de memorização

Ao tratarmos da memorização do discurso, a maioria das pessoas pensa na melhor forma de decorá-lo. Todavia, decorar o discurso é uma armadilha perigosa. Uma apresentação decorada jamais terá a naturalidade e a espontaneidade desejadas. Ao memorizar todas as palavras e expressões a serem utilizadas, o orador estará tão concentrado no que deve falar que se esquecerá de todos os outros aspectos relevantes para a apresentação como gesticulação, tom de voz, expressão facial, olhar...

Alguns oradores optam por decorar o discurso para se sentirem mais seguros, se fizer isso, certamente você não esquecerá de nenhuma informação. Entretanto, o mais importante não é ser absolutamente fiel ao que você havia programado, mas sim tornar a apresentação envolvente. Então, não caia nessa armadilha!

Você deverá estar se perguntando como memorizar o discurso sem decorá-lo. Existem algumas etapas bastante simples e muito eficazes, em que você saberá exatamente o que falar, mas de forma natural e com a possibilidade de inserir informações, aproveitar as circunstâncias e as contribuições da platéia sem o risco de perder a sua linha de raciocínio.

Após ter desenvolvido a apresentação, procure transformá-la em tópicos. Para isso, você deverá recorrer à seleção de palavras-chave, termos essenciais que o auxiliarão a se lembrar do conteúdo desenvolvido. Ao lado da palavra-chave, você poderá anotar nomes, estatísticas, dados associados à informação e que você poderia se esquecer de mencionar. Procure elaborar uma ficha com esses tópicos, para que você possa consultá-la no decorrer da apresentação sem prejuízo de sua imagem. Ao consultá-la, faça de forma natural, sem receio algum, afinal ela representa apenas um apoio à sua memória.

Outra dica extremamente importante consiste na forma adequada de treinar para a apresentação. Muitos oradores costumam treinar em frente ao espelho ou em outro ambiente, sempre sozinhos. O ideal é que o orador converse com amigos ou parentes acerca da palestra. Você deverá contar a alguém o que pretende dizer em sua apresentação, e permita ao seu ouvinte interferir em sua explanação. Assim, quando estiver se apresentando, você se lembrará da conversa que teve sobre a palestra e, também, do conteúdo do discurso. É muito mais fácil trazer à memória uma conversa espontânea que de uma apresentação solitária em frente ao espelho.

Além de utilizar esses recursos de memorização, é interessante que o orador procure conhecer os diferentes métodos existentes para memorizar informações e, a partir de um exercício de autoconhecimento, defina qual método é o mais adequado para o seu perfil. Algumas pessoas são predominantemente auditivas, memorizam melhor as informações ao ouvi-las, assim, estudam lendo em voz alta. Outras pessoas são mais visuais, necessitam ver o conteúdo. Alguns são cinestésicos, precisam "sentir" as informações e associá-las a fatos que têm um conteúdo afetivo. A seguir, há um teste para que você possa identificar mais claramente por meio de qual canal sensorial tem mais facilidade para memorizar as informações. Assinale as alternativas que correspondam a sua maneira de ser e depois siga as instruções.

( ) 1. Quando não tenho nada para fazer à noite, gosto de assistir à televisão

( ) 2. Uso imagens visuais para me lembrar do nome das pessoas

( ) 3. Gosto de ler livros e revistas

( ) 4. Prefiro receber instruções por escrito que oralmente

( ) 5. Escrevo listas das coisas que tenho de fazer

( ) 6. Sigo rigorosamente as receitas quando estou cozinhando

( ) 7. Consigo montar miniaturas e brinquedos com facilidade se seguir as instruções escritas

( ) 8. Gosto de jogos do tipo palavras cruzadas e caça-palavras

( ) 9. Cuido muito da minha aparência

( ) 10. Gosto de ir a exposições artísticas e museus

( ) 11. Mantenho uma agenda, na qual registro tudo o que faço

( ) 12. Em geral, gosto das fotografias e dos trabalhos artísticos usados em publicidade

( ) 13. Consigo localizar-me com facilidade numa cidade nova se eu tiver um mapa

( ) 14. Escrevo resumos de todos os pontos pertinentes ao estudar para uma prova

( ) 15. Sempre gosto de manter a minha casa com a aparência limpa e bonita

( ) 16. Todos os meses assisto a dois ou mais filmes

( ) 17. Não tenho boa impressão de alguém se ele não estiver bem vestido

( ) 18. Gosto de observar as pessoas

( ) 19. Sempre mando consertar o mais rápido possível os arranhões do meu carro

( ) 20. Acho que flores frescas realmente embelezam a casa e o escritório

( ) 1. Gosto de ouvir música quando não tenho nada para fazer à noite

( ) 2. Para lembrar o nome de alguém, eu o repito várias vezes para mim mesmo

( ) 3. Gosto de longas conversas

( ) 4. Prefiro que meu chefe me explique algo oralmente que por escrito

( ) 5. Gosto de programas de variedades e de entrevistas no rádio e na televisão

( ) 6. Uso rimas para me lembrar das coisas

( ) 7. Sou bom ouvinte

( ) 8. Prefiro saber das notícias pelo rádio que pelos jornais e revistas

( ) 9. Falo bastante comigo mesmo

( ) 10. Prefiro ouvir uma fita cassete sobre um assunto que ler sobre ele

( ) 11. Sinto-me mal quando meu carro faz um barulho estranho (quando chia, estrala etc.)

( ) 12. Posso dizer muito sobre alguém somente pelo som da sua voz

( ) 13. Compro muitos CDs

( ) 14. Estudo para um teste lendo as minhas anotações em voz alta ou estudando com outras pessoas

( ) 15. Prefiro fazer uma palestra sobre um tópico que escrever um artigo

( ) 16. Gosto de assistir a concertos e a apresentações musicais

( ) 17. As pessoas, às vezes, dizem que falo demais

( ) 1. Gosto de fazer exercícios físicos

( ) 2. Quando estou com os olhos vendados, consigo distinguir os objetos pelo tato

( ) 3. Quando ouço música, não consigo deixar de acompanhar o ritmo com o pé

( ) 4. Gosto de estar ao ar livre

( ) 5. Tenho boa coordenação motora

( ) 6. Tenho tendência a ganhar peso

( ) 7. Compro certas roupas porque são confortáveis

( ) 8. Gosto de criar animais de estimação

( ) 9. Toco nas pessoas quando estou conversando com elas

( ) 10. Quando estava aprendendo a digitar, aprendi rapidamente o sistema de toques

( ) 11. Quando era criança, fui muito carregado no colo e tocado

( ) 12. Aprecio mais praticar que assistir a esportes

( ) 13. Gosto de tomar um banho quente no fim do dia

( ) 14. Gosto que me abracem, beijem, apertem minha mão

( ) 15. Danço bem

( ) 16. Não consigo viver sem praticar algum esporte ou atividade física

( ) 17. Gosto de me levantar e me espreguiçar com freqüência

( ) 18. Posso dizer muito sobre uma determinada pessoa, simplesmente pelo modo como ela aperta minha mão

( ) 19. Se eu tiver tido um dia ruim, meu corpo fica muito tenso, sinto dores

( ) 20. Gosto de fazer artesanatos, trabalhos manuais e/ou construir coisas

## AVALIAÇÃO

Atribua 1 ponto para cada alternativa marcada e veja quantos pontos você fez em cada série:

**A ( )** **B ( )** **C ( )**

Se conseguir mais pontos na série:
A – VOCÊ É VISUAL
B – VOCÊ É AUDITIVO
C – VOCÊ É CINESTÉSICO

**Fonte:** *Adaptação do teste elaborado por Nelly Beatriz M. Penteado, psicóloga.*

Por fim, vale mencionar a importância da capacidade de concentração para que você possa preparar o discurso, estudá-lo e depois se apresentar diante da platéia. Além do treino, vale a pena cumprir as dicas a seguir a fim de aprimorar a sua habilidade de concentração.

- Encontre um momento para relaxar, meditar ou fazer exercícios de alongamento.
- Uma boa respiração ajuda a oxigenar melhor o cérebro e, conseqüentemente, facilita a absorção do conhecimento.
- Evite tomar medicamentos para melhorar a concentração.
- Trace metas e objetivos que impulsionem os estudos.
- Reserve momentos de distração. Saia com amigos, vá ao cinema, ao teatro ou dê uma volta no parque.
- Encontre o seu melhor ambiente de estudo. Você pode estudar em casa ou em bibliotecas, com a televisão ligada ou desligada. Não existem regras. O importante é estar atento à capacidade de absorção.
- Pare uma média de quinze minutos a cada uma hora de estudo para tomar água, ir ao banheiro ou somente esticar as pernas.
- Procure criar imagens, dar significados às palavras e ao conteúdo estudado. Existem livros e cursos que abordam esse assunto.
- Faça bem o que você se propõe a fazer em determinado momento. Cada hora, cada dia tem o seu cuidado.
- Se a dificuldade em se concentrar for incontrolável, procure um psicólogo.

## Aprenda na prática – como o orador constrói uma imagem de si

Um interessante trabalho a ser realizado pelos oradores é o de analisar diferentes discursos, principalmente os de políticos, a fim de perceber as estratégias argumentativas apresentadas e também como constroem uma imagem de si no discurso de acordo com o público e com as suas intenções.

A seguir, analisaremos um discurso proferido no Senado Federal, em outubro de 2006, pela ex-senadora Heloísa Helena. Nesse pronunciamento, ela se despede de seu mandato e agradece o apoio recebido durante a campanha eleitoral para presidente da república, cargo ao qual concorreu e perdeu. Por meio da observação de algumas passagens do discurso, poderemos notar as estratégias utilizadas pela oradora para construir uma imagem de si de acordo com o gosto popular.

Serão analisadas algumas passagens do pronunciamento e, como exercício para que você desenvolva a habilidade de reconhecer como o orador constrói uma imagem ao longo do discurso, apresentaremos um trecho do pronunciamento da oradora no final do capítulo.

A imagem da oradora no discurso analisado é baseada na construção de uma imagem dúbia em que agressividade e fragilidade se mesclam. Heloísa Helena constrói a imagem de uma mulher forte e lutadora: "gosto logo de pegar briga com gente grande, não pego briga com gente pequena", esta imagem de força é realçada por uma postura agressiva: "eu só não posso ser demagoga e dizer que é sabedoria votar em mensaleiro, sanguessuga, trambiqueiro, ladrão de terno e gravata"/"Alguns eleitores de Lula foram implacáveis. Pensem numa gente vagabunda."

Porém, à agressividade se contrapõe a construção de uma imagem de fragilidade adequada ao que o senso comum espera de uma mulher: "sou uma moça muito delicada"/"sou madrinha de vários filhinhos maravilhosos e queridos de muitos dirigentes ou filiados do PT"/"Agradeço ainda as centenas de blusinhas brancas que recebi. Todo mundo falava das minhas blusinhas brancas, mas todo mundo me dava blusinha branca. Sou uma boa costureira e vi muitas boas costureiras no Brasil, porque elas viam a foto da camisa e faziam outra igualzinha, porque sabiam que era o modelito que eu gostava (...) Quero agradecer a todas de todo o coração."

Assim, a ex-senadora procura se adequar ao que imagina ser um político que agrada o gosto popular: incansável e lutador, mas não deixa de atender à imagem esperada de uma mulher: "Os cabras que viviam plantando notinha safada, vagabunda na imprensa para aniquilar a minha honra como mulher, como mãe de família?"

Em diversos momentos, a agressividade que caracteriza Heloísa Helena apresenta algumas marcas do discurso feminino, como o uso de diminutivos: "O único detalhe que me causa uma certa frustração é não ter conseguido enfrentar o Lula em debate algum. Infelizmente, ele ficou sentadinho no seu troninho podre de corrupção, arrogância e covardia política. Não teve a coragem de ficar bem pertinho de mim para me enfrentar, embora tivesse a obrigação de ter ido ao debate."

Além do uso de diminutivos, o uso constante de adjetivos é outra marca do discurso de Heloísa Helena. A oradora utiliza, de modo nada comedido, adjetivos para caracterizar seus adversários e também aqueles a quem agradece. Desse modo, o uso de adjetivos serve à construção tanto de uma imagem agressiva quanto de uma delicada. Entre ataques e elogios, a ex-senadora constrói um discurso que distingue o bem do mal, sem admitir o meio termo, que visa a conquistar um ouvinte menos intelectualizado e que divide a classe dos políticos em bons e maus, em aqueles que se preocupam com o bem comum e aqueles interessados apenas em benefícios pessoais.

Dessa maneira, o discurso de Heloísa Helena aproxima-se do chamado discurso político-militante. Um tipo de discurso político que pretende não apenas transmitir as suas convicções à platéia, mas também fazer com que os espectadores ajam de acordo com tais convicções. Ou seja, ela apresenta um discurso que pretende provocar a ação dos espectadores.

A opção pelo discurso político-militante nos diz muito sobre a imagem que a oradora faz do seu público – mais envolvido pela emoção e pelo subjetivo que pelo pensamento e objetividade.

Na tentativa de conseguir conquistar a platéia, Heloísa Helena constrói um discurso baseado em oposições, assim, ela pretende fazer com que o público perceba as relações que faz entre o certo e o errado, sem refletir a respeito de outras possibilidades.

Talvez, em razão da imagem que faz de seus espectadores, a oradora recorra algumas vezes a afirmações auto-elogiosas, rompendo com o que normalmente se espera de uma imagem de humildade. Vale ressaltar que o orador costuma construir uma imagem demonstrando certas qualidades por meio de atitudes e da apreciação que realiza de pessoas, instituições e ideais; não é comum que o orador cite abertamente as qualidades que acredita possuir.

Embora a eficácia do discurso se relacione mais diretamente à imagem "mostrada" e não à "dita", a ex-senadora explicita em alguns momentos a imagem que pretende ver legitimada: "Vou aqui trabalhar todos os dias, normalmente, como sempre trabalhei, com muita disciplina, estudo, competência, honestidade – é uma obrigação – e com honestidade intelectual, defendendo o que acredito."

A imagem que a oradora constrói está baseada em vários estereótipos, o que não causa estranheza, uma vez que costumamos criar imagens a partir do que consideramos ser valorizado ou desvalorizado pela sociedade, pela moral dos espectadores.

Não apenas a construção de uma imagem de si está repleta de estereótipos, mas também a imagem que o orador constrói de seus espectadores passa por um processo de estereotipagem, ou seja, imaginamos o que o público aprecia de acordo com uma imagem que criamos dele. Afinal, não é possível conhecer efetivamente cada um dos espectadores.

Outro aspecto interessante é que a oradora recorre a frases feitas e a inúmeros clichês tanto para construir a sua imagem quanto para caracterizar seus adversários e aqueles por quem demonstra admiração: "O PSOL não está lavando as mãos nem está em cima do muro. Na história da humanidade, quem lavou as mãos como Pilatos não o fez para ficar do lado do fraco, mas para servir aos grandes."/"Eu respeito todos os eleitores de todos os candidatos à Presidência da República, os que votaram por convicção, por identidade, mas não os vendidos, não os que se venderam por cargos, prestígio ou poder. Eu não estou falando da pobreza, que conhece a dor de às vezes não ter o que pôr na mesa para alimentar o seu filho – esta é uma outra história. Estou falando de lideranças políticas que se vendem por cargos, prestígio e poder. Esses eu não respeito."

Se o clichê consiste em uma idéia repetida à exaustão, Heloísa Helena também elabora seus próprios clichês, pois a repetição de expressões de efeito caracteriza os seus discursos, não apenas no que se refere à repetição no interior do discurso analisado como também em relação a inúmeros outros discursos da ex-senadora. Assim, podemos dizer que o uso de frases de efeito caracteriza o seu estilo como oradora.

Após conhecer algumas particularidades do discurso da ex-senadora, procure ler o trecho do discurso a fim de notar, de modo mais consistente, qual é a imagem que a oradora cria de si e quais as estratégias que ela utiliza para tentar seduzir o povo brasileiro. Esse trabalho deverá ser feito sempre que você ouvir um pronunciamento político, pois, além de desenvolver sua habilidade crítica, essa observação permitirá que você aprenda com outros oradores.

"Sr. Presidente, primeiro, eu quero agradecer ao Senador Heráclito por ter disponibilizado a sua inscrição para que eu pudesse fazer uso da palavra. Quero também dizer ao Senador Tourinho, que mais uma vez cobrou a necessidade da agilidade da votação do projeto relacionado aos Agentes de Saúde, que pode contar com o meu empenho também, pois é uma causa absolutamente justa.

Mas é claro, Sr. Presidente, Sras. e Srs. Senadores, que vou falar sobre a campanha eleitoral.

Estão aqui a minha querida Deputada Luciana Genro e o meu querido Deputado Babá. Estivemos há pouco em uma reunião da Executiva do PSOL para, de fato, reforçar, em função de algumas notinhas que saíram pela imprensa, o que já era nossa posição desde a apresentação de minha candidatura.

Senador Romeu Tuma, sabe V. Exª, como sabe a grande maioria dos Parlamentares da Casa, que, quando houve a decisão do PSOL e a minha decisão de ser candidata à Presidência da República, eu me preparei para as duas possibilidades. Eu jamais seria candidata à Presidência da República se eu não me achasse preparada para assumir um cargo tão especial, tão precioso como o de Presidente da República. Igualmente, eu me senti absolutamente preparada para voltar à sala de aula se necessário fosse, e é o que vou fazer, embora vá continuar na militância política, na condução do PSOL, na articulação com todos os movimentos sociais, como é minha obrigação fazer.

Eu quero dizer que respeito todas as decisões dos eleitores. Respeitar a gente tem de respeitar, eu só não posso ser demagoga e dizer que é sabedoria votar em mensaleiro, sanguessuga, trambiqueiro, ladrão de terno e gravata. Esse tipo de demagogia eu não faço. Eu respeito a decisão das urnas; é o povo brasileiro que decide. Nem sempre o povo tem o governo que merece – o povo brasileiro é tão bom que nem sempre merece seus governantes –, mas tem o que escolhe.

Quero agradecer de coração aos nossos eleitores. Eu respeito todos os eleitores de todos os candidatos à Presidência da República, os que votaram por convicção, por identidade, mas não os vendidos, não os que se venderam por cargos, prestígio ou poder. Eu não estou falando da pobreza, que conhece a dor de às vezes não ter o que pôr na mesa para alimentar o seu filho – esta é uma outra história. Estou falando de lideranças políticas que se vendem por cargos, prestígio e poder. Esses eu não respeito! Respeito, contudo, os eleitores de todos os candidatos que votaram porque queriam, porque acreditaram, porque tinham convicção. Esses eu respeito.

Quero fazer um agradecimento muito especial aos eleitores do PSOL, do PSTU, do PCB, do PCR, da nossa frente de esquerda em todo o Brasil. Não foi uma coisa qualquer essa campanha.

Senador Romeu Tuma, somente sendo uma sertaneja do interior das Alagoas para agüentar o que agüentei. Parece até que estou colando cada um dos meus pedacinhos agora. Aliás, era como se todos os dias eu estivesse toda quebrada, mas, no outro dia, tinha de colar cada um dos pedacinhos para renascer na luta, para sair pelos aeroportos do País ou pelas buraqueiras das estradas nos ônibus para fazer essa campanha eleitoral.

Por tudo isso, estou de cabeça erguida. Todos nós estamos de cabeça erguida. Não fizemos parte de nenhuma negociata, de nenhum balcão de negócios sujos, não traímos nossa classe de origem, não vendemos nossas convicções ideológicas, não vendemos a nossa alma e o nosso coração em troca das conveniências do poder.

O único detalhe que me causa uma certa frustração é não ter conseguido enfrentar o Lula em debate algum. Infelizmente, ele ficou sentadinho no seu troninho podre de corrupção, arrogância e covardia política. Não teve a coragem de ficar bem pertinho de mim para me enfrentar, embora tivesse a obrigação de ter ido ao debate. Isso faz parte do jogo político, e outras coisas virão à frente.

Quero agradecer de coração as flores, as orações, o carinho, os beijos e os abraços recebidos por onde andamos pelo Brasil. Tinha muita gente que me dizia: 'Heloísa, você é nossa última esperança', ou com Cesinha, ou com nossos Parlamentares, ou com nossos candidatos a Governador ou a Senador. No meu caso, a maioria das pessoas não me dizia somente isto: 'Heloísa, você é nossa última esperança'; diziam assim: 'Não desista. Tenha saúde. Tenha força. Se não der nesta, dará na próxima'.

Os nossos 6.575.393 votos vieram de pessoas que não foram atrás da falsa polarização plantada nos meios de comunicação e que não foram atrás do voto útil das pesquisas eleitorais. Foi por isso que eu disse que eles são mulheres e homens livres. A imprensa fala que eu liberei meus eleitores. Eu sou vaqueira para liberar gado? Os meus eleitores são livres! Mulheres e homens livres. Eles são tão livres, donos da sua alma, do seu coração e do seu voto que foram capazes de, apesar todos os obstáculos e turbulências, votar em mim. Então eu não tenho de liberar ninguém.

Senador Cristovam Buarque, saúdo a presença de V. Ex$^{a}$. Eu dizia o quanto respeito todos os eleitores que votaram em todos

os candidatos, mas estou fazendo um agradecimento especial aos nossos eleitores. Várias vezes, eu disse que os nossos eleitores são mulheres e homens livres. Todos os candidatos também acham isso a respeito do seu eleitor. É óbvio. Então eu não tenho de liberar eleitor nenhum. Eleitor vota do jeito que quer.
Eu sei que os meus eleitores remaram contra a correnteza, nadaram contra a maré do voto útil, da falsa polarização PT e PSDB e votaram na nossa candidatura. Então agradeço de coração a confiança em nós depositada e tenho certeza de que eles serão capazes de fazer aquilo que identificam como a melhor escolha para o Brasil.
O PSOL, nosso Partido, tem uma posição política que eu vou anunciar. O PSOL não está lavando as mãos nem está em cima do muro. Na história da humanidade, quem lavou as mãos como Pilatos não o fez para ficar do lado do fraco, mas para servir aos grandes. Então, isso não tem nada a ver conosco. Não estamos lavando as mãos. Quando Pilatos lavou as mãos, condenou Jesus para servir ao poder, porque não queria perder o cargo. É por isso que eu já disse aqui várias vezes, nos debates bíblicos, que pior do que Judas foi Pilatos. Judas se arrependeu, devolveu o dinheiro e se suicidou. Pilatos lavou as mãos, condenou um inocente e ficou lá no cargo, no poder.
Então não significa que estejamos em cima do muro. Nós estamos no chão. Não estamos em cima do muro. Estamos no chão, no combate, no campo de batalha, fazendo o que temos a obrigação de fazer, ou seja, dizendo que as duas candidaturas representam o mesmo projeto neoliberal e nós não vamos rasgar 12 anos de militância política em dois dias. Que conversa é essa?
Passei oito anos aqui, como Senadora, batendo de manhã, de tarde e de noite contra o Governo FHC. Passei quatro anos denunciando as gangues partidárias do Governo Lula. Como é que, agora, em dois dias, podemos dizer que vamos votar em alguém? Não podemos fazê-lo. No caso do PSOL, isso não é possível. Os nossos eleitores – reiteramos – são mulheres e homens livres.
É por isso que dizia hoje, na reunião da Executiva – e foi uma decisão tomada por absoluto consenso –, e eu disse isto antes de ser candidata.
[...]

Dizia no início que fiquei preparada para todas as possibilidades, todas! Aliás, desde que se iniciou a campanha, devolvi logo o apartamento do Senado. Fiz minha mudança, empacotei meus livros, minhas coisas. Um dos meus filhos foi para Alagoas, o outro ficou comigo aqui, morando num quarto e sala. Então já estava absolutamente preparada ou para ir para o Palácio do Planalto, enfrentar os sabotadores do desenvolvimento econômico, uma canalha que parasita os cofres públicos como se fosse uma caixinha de objetos pessoais, ou voltar para a sala de aula de cabeça erguida, comer pó de giz, no jargão dos professores, mas de cabeça erguida, porque estive aqui no centro do poder político e não vendi a minha alma, as minhas convicções; não traí a minha classe de origem, não traí a esquerda socialista democrática. E era isso que me dava força de andar por todo o Brasil, fazendo essa campanha eleitoral.

No PSOL é diferente, porque partido tem posição. Dizíamos, desde o início, que todos os Parlamentares, todo o Diretório, toda a Executiva, que ninguém viesse plantar notinha na imprensa dizendo que pode apoiar Lula.

Não adianta o Sr. Guido Mantega ligar para Plínio de Arruda Sampaio fazendo jogo sorrateiro por trás porque Plínio é um homem de partido – depois me liga e diz o que aconteceu. Não adianta botar notinha na imprensa dizendo que apóia isso, apóia aquilo. O filiado do PSOL, se ele estiver lá dentro, votando... alguns filiados do PSOL dizem: 'Se eu estiver lá, em frente à urna, eu posso votar no Lula?' Outro diz: 'Eu posso votar no Alckmin?' Como confronto da traição da ex-esquerda partidária? Então esse negócio não conta. Nós não vamos controlar o voto individual; mas, publicamente, ninguém vai poder dar declaração para o Alckmin, nem para o Lula.

A Deputada Luciana Genro foi eleita – votação belíssima – por 185.071 votos; ela não pode dar declaração. Tive, no Rio Grande, 439.959 votos; não posso. Em São Paulo, nosso Deputado Ivan Valente – estou falando os Deputados eleitos – teve 83 mil votos, eu tive 1.558 milhão; nem ele pode, nem eu posso. No Rio de Janeiro, o nosso Deputado Chico Alencar teve 119 mil votos, eu tive 1.425 milhão votos; nem ele pode, nem eu posso dar. É por isso que tenho dito várias vezes que tenho acompanhado pela imprensa as declarações do Alckmin e do Lula. Com relação ao Lula, não tem óleo de peroba que seja suficiente, porque ele disse que minha declaração foi muito sóbria. Os cabras que viviam plantando notinha safada, vagabunda na imprensa para aniquilar a minha honra como mulher, como mãe de família?... Que conversa ridícula é essa? Respeitem-me! O Alckmin disse que sou uma mulher coerente e corajosa. Está tudo muito bem, aceito o elogio dos dois. Mas não precisa ninguém nos procurar porque estou aqui dizendo: não precisam nos procurar.

Não é uma questão de falta de educação. Não é isso. Não precisam nos procurar. O PSOL já tem uma posição; o PSOL tem uma posição política. Então não nos procurem nem oficialmente. Estou dizendo isso com toda a delicadeza ao candidato Alckmin, ao Presidente do Partido, Senador Tasso. Sou a Presidenta do PSOL e reflito a decisão majoritária do PSOL. Portanto, não precisam nos procurar porque já temos uma posição política.

Os meus amigos do PT que são honestos, socialistas, que não são corruptos, estes não vão me procurar, estes eu sei que não vão me procurar. Tenho amigos lá queridos, sou madrinha de vários filhinhos maravilhosos e queridos de muitos dirigentes ou filiados do PT; esses não vão me procurar porque já sabem o que penso, já sabem o que penso. E nenhum representante da gangue partidária também não vai me procurar porque já sabe o que penso. Não vou quebrar o septo nasal de ninguém que venha me procurar, não vou dar bofetada em ninguém, de jeito nenhum, porque sou uma moça muito delicada. Só peço que, por favor, não nos procurem. Temos uma definição. Vão conversar com nossos eleitores.

Tive, e agradeço de coração, 6.575.393 votos livres! E não tínhamos nenhum adesivo para dar, nenhum adesivo. Havia um monte de gente que vinha atrás: 'Me dá um adesivo, Heloísa'. Eu dizia: 'Ô, meu filho...' Morria de vergonha, não tinha adesivo. Quantas vezes viajamos pelo Estado com o Chico dirigindo ou o Ivan, todo mundo, Luciana... Todo mundo. Um ficava na casa do outro, não tínhamos nada. Aliás, nosso programa de televisão ficou parado por duas semanas porque não tínhamos dinheiro para pagar. Então, fizemos uma campanha limpa, simples, o exagero da humildade. Parecia até masoquismo da nossa parte fazer uma campanha como aquela. Mas estamos felizes, profundamente agradecidos ao povo brasileiro. Agradeço mais uma vez o carinho, a generosidade, as orações, as flores.

Agradeço, ainda, as centenas de blusinhas brancas que recebi. Todo mundo falava das minhas blusinhas brancas, mas todo mundo me dava blusinha branca. Sou uma boa costureira e vi muitas boas costureiras no Brasil, porque elas viam a foto da camisa e faziam outra igualzinha, porque sabiam que era o modelito que eu gostava. Então, tenho mais de trezentas blusinhas, todas branquinhas. Quero agradecer a todas de todo o coração.
Não adianta ficar jogando na imprensa que um diz que vai votar no Lula e outro diz que vai votar no Alckmin. Não vão dividir o PSOL. Não fiquem fazendo esse tipo de jogo na imprensa contra o PSOL. Vão dialogar com os nossos eleitores, que são muitos.
Nós apresentamos várias propostas na área do desenvolvimento econômico, e talvez apenas essa candidata tenha sido obrigada a detalhar seus projetos. Temos propostas para a meta de crescimento, para o controle da inflação, para a taxa de juros, com a indicação da fonte dos recursos para o saneamento, para o transporte, para a educação, para a saúde, para a segurança pública. Talvez tenha sido a única candidata obrigada a detalhar de onde viria cada real para cada ação de Governo que seria feita porque estávamos enfrentando a verborragia neoliberal, a verborragia do pensamento único. Tivemos que agüentar aquelas figuras com a maior cara de conteúdo para repetir a mesma farsa técnica e fraude política da verborragia neoliberal. Essa não foi uma tarefa fácil; foi uma tarefa muito difícil.
É por isso que também quero agradecer todos os votos que tivemos em cada Estado. Em todos os Estados a nossa Frente teve votos. Vou falar dos candidatos a Governador e da candidatura presidencial, porque não vai dar tempo de falar de todas as candidaturas. É claro que agradecemos os votos e sentimos a não reeleição do João Alfredo, da Maninha, do Fantasini e do Babá, quatro guerreiros socialistas que muito honraram o Parlamento e o povo brasileiro. Alguns dos nossos Deputados Estaduais não foram reeleitos; outros foram. Então, agradecemos muito os votos que tivemos.
No Acre, o Zé Wilson teve 1.068 votos, e eu tive 13.082 votos. Na minha Alagoas... Deus do céu! Foi duro lá em Alagoas! Alguns eleitores do Lula foram implacáveis. Pensem numa gente vagabunda! Eles saíram por aí dizendo que eu iria acabar com o Bolsa-Família em cada Município brasileiro, em cada localidade

da periferia de Alagoas e das cidades do interior. Era um tumulto! Foi um tumulto que eles fizeram na minha querida Alagoas! Então, quero agradecer de coração os 51.680 votos que o Ricardo teve e os 178.560 votos que eu tive. Quero agradecer os 9.008 votos que foram dados ao Clécio e os quase 30 mil que me foram dados no Amapá. Quero agradecer ao povo do Amazonas, que deu ao Herbert 6.195 votos e a mim 90.500 votos; à Bahia, que deu ao Hilton 38.870 e a mim 276.325 votos; ao Ceará, que deu 106.184 votos ao Renato e me deu quase 149 mil votos; ao Distrito Federal, os 55.898 dados ao nosso Toninho e 165.420 a mim; ao Espírito Santo, 11.878 votos dados ao Professor Daniel e 107.172 dados à nossa candidatura; a Goiás, 13.318 votos dados ao Elias 179.102 a mim; ao Maranhão, 6.159 votos para o Saturnino e 80.749 para a nossa candidatura presidencial; ao Mato Grosso, 31.336 votos para o Mauro e 59.201 para a nossa candidatura; ao Mato Grosso do Sul, 6.282 votos para o Carlito e 68.112 para a candidatura nacional; a Minas Gerais, 60.145 para Vanessa Portugal e 579.920 para mim; ao Pará, 131.088 para Edmilson e 149.278 para a nossa candidatura presidencial; à Paraíba, 22.949 para o David Lobão e 80.351 para a nossa candidatura; ao Paraná, 14.914 para o Luiz Felipe e 301.688 para a nossa candidatura presidencial; a Pernambuco, 26.786 votos para o candidato a Governador - Edílson -, 8.718 para a Kátia e quase 158 mil para a candidatura presidencial; ao Piauí, 6.920 votos para a Edna e quase 39 mil para a nossa candidatura presidencial; ao Rio de Janeiro, 118.936 para o nosso companheiros Milton Temer e 1.426.000 para a nossa candidatura presidencial – aliás, no Rio de Janeiro foi a nossa maior votação proporcional; ao Rio Grande do Norte, 14.172 votos para o Sandro Pimentel e 81.185 para a nossa candidatura presidencial; ao Rio Grande do Sul, 68.676 para o nosso Robertinho Robaina, 439.959 para a nossa candidatura presidencial; a Rondônia, 7.984 para o Adilson e quase 41 mil para a nossa candidatura presidencial; a Roraima, 2.755 votos para a Almira e 22.034 para a nossa candidatura presidencial; a Santa Catarina, 17.637 para João Fachini e 220.431 para a nossa candidatura presidencial; a São Paulo, 532.470 para o Plínio e 1.558.639 para a nossa candidatura presidencial. Em Sergipe, a candidatura do companheiro do PSTU foi impugnada, mas Sergipe deu quase 63 mil votos para a candidatura presidencial; no Tocantins houve 1.622 votos para o Professor Elísio e quase 16 mil votos para a nossa candidatura presidencial.

Sr. Presidente Senador Efraim Morais, agradeço de coração a V. Exª a generosidade com o tempo e ao Senador Heráclito Fortes a disposição de ceder-me o seu tempo e quero, antes de encerrar, passar a palavra ao Senador Eduardo Suplicy."

**Eduardo Suplicy** (Bloco/PT – SP) – "Senadora Heloísa Helena, quero cumprimentá-la pela extraordinária jornada que V. Exª teve como fundadora do PSOL. V. Exª realizou algo que parecia extremamente difícil: em alguns meses, organizar um partido e chamar tantas pessoas em praticamente todos os Estados do Brasil, que, com entusiasmo, abraçaram as causas do socialismo, da liberdade, e que também abraçaram os objetivos tão assertivos de V. Exª no que diz respeito à defesa da ética na política. V. Exª tantas vezes tratou desse tema como um dos aspectos fundamentais, porque queria, sobretudo aqui no Congresso Nacional, que os representantes do povo – sejam Deputados Federais ou Senadores – tivessem um comportamento que jamais fosse caracterizado pela votação de matéria que não significasse a sua visão de defesa do interesse público, a votação de matéria em troca de distribuição de recursos, de designação de pessoas, de liberação de recursos, ou de outros benefícios que envolvessem a quebra do decoro parlamentar, como infelizmente em alguns momentos da história do Congresso, não apenas nesta gestão, mas em outras também, infelizmente aconteceu."

[...]

**Heloísa Helena** – Agradeço a V. Exª. Penso que estou naquela marcha dos pingüins. Quem não viu o filme 'A Marcha dos Pingüins', independente de ser novinho ou adulto, é muito importante vê-lo.

Ao ver aquela resistência pela preservação da espécie, chegamos a ficar cansados. Portanto, não tenha dúvida, o que estamos fazendo é a mesma coisa.

Agradeço a generosidade de todos e a de V. Exª, Sr. Presidente. Amanhã estarei aqui, normalmente, cumprindo o meu mandato. Muito obrigada, Senadores."

# Capítulo 6

## Tenha um português fluente!

A imagem de credibilidade do orador está intimamente ligada ao seu domínio da norma culta da língua portuguesa. Por mais carisma que o orador possua ou conhecimento que ele demonstre, ao cometer graves desvios gramaticais, põe em dúvida todo o seu respaldo. Assim, é essencial que o orador se preocupe em dominar as regras do bom uso de nosso idioma.

Isso não significa que o orador deverá relembrar complicadas regras de análise sintática. O ideal é que atente para o uso prático da língua, questões como concordância, vícios de linguagem e inadequação vocabular devem ser compreendidas.

Além de procurar informar-se acerca do assunto por meio de manuais práticos de redação e gramática, a leitura é sempre um bom meio de ampliar o vocabulário e analisar o uso da língua portuguesa. A seguir você encontrará alguns esclarecimentos práticos sobre desvios comumente cometidos por oradores.

## ● Vícios de linguagem e impropriedade vocabular

O orador pode cometer desvios gramaticais por duas razões principais: por desconhecer as regras da língua portuguesa ou por desejar falar difícil, seguindo modismos que não estão adequados à norma culta. A partir de alguns esclarecimentos simples, o orador poderá evitar alguns deslizes comprometedores.

### Não vá estar explicando

O uso indiscriminado do gerúndio tornou-se um modismo, todavia sua utilização torna a apresentação extremamente cansativa. Há casos específicos em que se recomenda o uso do gerúndio para dar a idéia de continuidade, entretanto, ao dizer que "vai estar explicando", o público terá a impressão de que a sua explicação durará uma eternidade. Prefira dizer que "vai explicar" ou "explicará".

Principalmente na conclusão do discurso, "não vá estar concluindo"; a noção de brevidade é essencial no desfecho da apresentação.

Esse modismo deve-se possivelmente à influência da língua inglesa, que agrupa verbos como em *I will be doing.* Só que essa forma deve ser traduzida por "vou fazer" e não por "estarei fazendo" ou "vou estar fazendo".

## Mim não faz nada

A menos que você queira que a sua linguagem seja confundida com as falas dos índios de filmes de faroeste, não diga "para mim fazer" ou "para mim explicar". De acordo com as normas da língua portuguesa, somente "eu" pode ser sujeito. Assim, diga "para eu fazer", "para eu explicar".

## Ele não é de menor

Outro desvio comprometedor é utilizar a expressão "de maior". O correto é "ele é maior" ou "ele é maior de idade". O mesmo vale para a expressão "de menor". Tal desvio pode comprometer muito a imagem do orador.

## "De encontro a" indica choque

"Ao encontro de" indica uma situação favorável: "o discurso veio ao encontro das suas necessidades", isto é, agradou-lhe. Ou "o resultado das eleições foi ao encontro das suas expectativas", ou seja, atendeu ao que ele esperava.

Em contrapartida, "de encontro a" indica choque: "ela caiu e foi de encontro à arquibancada" ou "a decisão lhe desagradou porque veio de encontro aos seus interesses".

Na maioria das vezes, os oradores empregam "de encontro a" no sentido positivo, ou seja, como se tivesse o mesmo significado de "ao encontro de". No momento do discurso, caso tenha dúvidas, procure substituir a expressão por outra equivalente, assim evitará riscos desnecessários.

## Cinco fax

Atenção às indicações de plural, nunca se esqueça de que palavra terminada em "x" não varia em português: um fax, cinco fax.

## Não diga: "menas gente"

Lembre-se sempre de que a palavra "menos" é invariável, não possui feminino. Assim, nunca diga que "havia menas gente no auditório", pois o público certamente perceberá o seu deslize e comentará seu pouco domínio das regras gramaticais. O correto é "menos gente", sempre!

## Havia pessoas, faz anos

Os verbos "haver" e "fazer" são os dois da língua portuguesa com os quais ocorrem os mais numerosos desvios.

O verbo "haver", quando significa "existir", apresenta a mesma forma no singular e no plural. Trata-se, no caso, de um verbo impessoal, ou seja, sem sujeito, por isso não varia. Vejamos um exemplo: "havia muitas pessoas na platéia". Não diga ou escreva: "haviam muitas pessoas na platéia".

"Fazer" também pode ficar invariável, o que ocorre quando indica tempo ou fenômenos da natureza. Nesse caso, como ocorre com o verbo "haver", ele é impessoal e, como não tem sujeito, apresenta a mesma forma no singular e no plural. Assim, nunca diga: "fazem dois anos que trabalho aqui". De acordo com a norma culta, o adequado é "faz dois anos que trabalho aqui".

## Prefira acertar a errar

Quem quiser acertar deverá sempre "preferir" alguma coisa "a" outra e nunca "que" ou "do que" outra: "algumas pessoas preferem escrever a (e não que) falar em público". Devemos "preferir educação a (e não do que) ignorância." Também é inadequado usar "preferir" com "em vez de": "o orador prefere espectadores falantes a (e não 'em vez de') pessoas indiferentes".

## Namore alguém

Provavelmente por influência de outros verbos cuja regência é "conversar com alguém", "casar com alguém", "noivar com alguém", a maioria das pessoas diz que "irá namorar com alguém". Entretanto, "namorar com" indica que você levará alguém para assistir ao seu namoro. O adequado é afirmar que "irá namorar alguém".

## Assista ao jogo

O verbo "assistir", no seu sentido mais comum, o de ver ou de estar presente, exige sempre a preposição "a". Assim: "fomos assistir ao jogo" (e não "o jogo"). O verbo "assistir" sem a preposição "a" significa ajudar, prestar assistência.

## Aonde indica movimento

Deve ficar clara a diferença entre "onde" e "aonde". "Onde" se refere a lugar em que se está ou se fica: "não sei onde ele trabalha".

"Aonde" é utilizado com os verbos que indicam movimento, deslocamento, e equivale "a que lugar, para que lugar".

Vale a pena destacar que "onde" significa "em que lugar" e não "em que", apenas. Assim, não pode ser empregado quando não existir a noção de local. Vejamos: "o discurso onde ele critica o governo" é uma construção inadequada, uma vez que discurso não é local, deveríamos dizer "o discurso em que ele critica o governo" ou "o discurso no qual ele critica o governo".

## Não aguarde um posicionamento

Deveremos utilizar a expressão "posicionamento" quando se tratar de posição no espaço, não para afirmações como: "aguardo um posicionamento", neste caso, melhor substituir por outra idéia afim, como "aguardo sua decisão", "aguardo seus comentários" ou "aguardo sua apreciação", de acordo com o contexto.

## Em virtude de quê?

Devemos utilizar a palavra "virtude" somente para destacar qualidades, valores, não para substituir a expressão "devido" ou "em razão de", como no exemplo a seguir: "em virtude da chuva, o vôo foi cancelado".

## Na semana que vem

Na realidade todas as semanas vêm, portanto, o mais viável seria dizer: "na próxima semana". Certamente se trata de um detalhe, mas sempre vale a pena demonstrar que domina mesmo as das regras gramaticais.

## Não seja penalizado

Você somente deverá utilizar a palavra "penalizado" para indicar pena, por exemplo: "estou penalizada com o terrível acidente" e nunca para substituir o termo punição: "o jogador foi penalizado".

## Não retorne a ligação

A palavra "retorno" deverá ser empregada para se referir a algo que voltará pelo mesmo local em que foi, ou seja, posso "retornar uma avenida", mas nunca "retornar a ligação" (a não ser que seja transferência de ramal).

## Silabadas

As silabadas (equívocos de pronúncia que consistem em deslocar o acento tônico da palavra) são freqüentes no uso da língua. Há pelo menos três palavras com terminações semelhantes que sempre são pronunciadas de modo incorreto. Faça o teste. Como você pronuncia: "**gratuito**" ou "gratuito", "**circuito**" ou "circuito", "**fluido para freios**" ou "fluído para freios"?

Nos três casos a opção adequada é a primeira, por mais que algumas pessoas tentem nos corrigir quando falamos de modo correto.

## ● Aprimoramento lingüístico

Muitas vezes os oradores cometem desvios que não ferem a gramática, mas prejudicam a clareza e a objetividade do discurso.

### Adjetivação excessiva

Alguns oradores, em razão do pouco domínio do assunto, recorrem ao uso excessivo de adjetivos como um meio de "enriquecer" a apresentação. Todavia, esse recurso é facilmente percebido pelo público que sabe diferenciar o conteúdo do discurso de floreios do orador. O exemplo a seguir ilustra muito bem essa estratégia inadequada: "a incômoda e nociva poluição ambiental pode tornar o já problemático e atrasado Brasil uma terra inabitável".

### Queísmo

Há termos que repetimos à exaustão por terem uma amplitude de significado, isto ocorre freqüentemente com o termo "que". Apesar de ter inúmeras funções como conjunção e pronome relativo, o orador deverá saber substituí-lo quando necessário para evitar o chamado "queísmo", como ocorre no exemplo a seguir: "o fato de que o homem que seja inteligente tenha que entender os erros dos outros e perdoá-los não parece que seja certo".

### Projeção da linguagem oral

Não interessa apenas o que o orador diz, mas também como ele diz. Assim, devemos evitar o uso de expressões coloquiais ou muito populares, pois podem desvalorizar o conteúdo de sua apresentação. No exemplo a seguir, certamente poderíamos substituir os termos mais informais por outros com impacto mais culto. "Hoje em dia a gente não vive, a gente vegeta; dizem que antigamente a coisa era melhor porque havia mais tempo para as diversões, para as conversas, para a família, e assim sucessivamente".

## Lugar comum ou clichê

Algumas expressões, embora pareçam de impacto, já foram muito desgastadas pelo uso. Assim, ao recorrer a elas ao longo da apresentação, o orador parecerá pouco original e criativo. Por isso, evite empregar expressões como: "subir os degraus da glória", "fazer das tripas coração", "encerrar com chave de ouro", "a nível de", "a grosso modo", "pedra sobre pedra", "dos males o menor", "é agora ou nunca", "isso é uma vergonha".

## Pontuação

Embora a pontuação apenas possa ser percebida em textos escritos, equívocos na pontuação de seu discurso podem comprometer o seu significado. Embora existam regras, é essencial ter em mente que a pontuação do texto depende do sentido que desejamos conferir a ele. Assim, tenha muito cuidado ao pontuar o seu discurso e verifique, por meio da leitura em voz alta, se o sentido está adequado à idéia que você pretende transmitir. O texto a seguir ilustra muito bem o quanto a pontuação pode modificar o sentido de um enunciado.

Um homem rico, sentindo que estava para morrer, pegou papel e pena e escreveu:

"Deixo meus bens à minha irmã não a meu sobrinho jamais será paga a conta do alfaiate nada aos pobres."

Morreu sem tempo de pontuar. Chega o sobrinho e faz estas pontuações em cópia do bilhete:

"Deixo meus bens à minha irmã? Não! A meu sobrinho. Jamais será paga a conta do alfaiate. Nada aos pobres."

A irmã chega e pontua assim:

"Deixo meus bens à minha irmã. Não a meu sobrinho. Jamais será paga a conta do alfaiate. Nada aos pobres."

Surge o alfaiate, que faz estas pontuações:

"Deixo meus bens à minha irmã? Não! A meu sobrinho? Jamais! Será paga a conta do alfaiate. Nada aos pobres."

O juiz estudava o caso, quando chegaram os pobres; um deles, tomando outra cópia, pontuou:

"Deixo meus bens à minha irmã? Não! A meu sobrinho? Jamais! Será paga a conta do alfaiate? Nada! Aos pobres."

"Assim é a vida, somos nós que colocamos os pontos e isso faz a diferença."

# Capítulo 7

## Etiqueta profissional – cuide de sua imagem

Ao ouvirmos o termo etiqueta, pensamos imediatamente em regras que pretendem impor atitudes ditas refinadas. Todavia, na atualidade, o termo pode referir-se a alguns códigos de comportamento social que têm por objetivo preservar a qualidade de relacionamento entre as pessoas. Ou seja, trataremos de atitudes que devem ser observadas no ambiente profissional como um meio de evitar ofensas e constrangimentos.

O cuidado com as boas maneiras em situações cotidianas, o grau de cortesia observado no trato com as pessoas e um visual adequado às situações podem representar o diferencial de um profissional. Afinal, em nossa sociedade, somos avaliados não apenas por nossa competência, mas também pela imagem que transmitimos. Veremos a seguir algumas atitudes que são recomendadas a fim de facilitar o relacionamento interpessoal e de compor uma imagem de elegância e, acima de tudo, bom senso.

## Alguns cuidados essenciais

O termo etiqueta corporativa pode lhe parecer um pouco abstrato, mas para entender do que se trata basta lembrar-se do colega de trabalho que acha o máximo utilizar o hino de seu time de futebol como toque do celular, sempre exibido em alto, muito alto, e bom som, ou da funcionária que mescla um decote profundo, com peças justas e curtas e causa a maior sensação no escritório. Sem contar os colegas que passam horas ao telefone discutindo suas vidas amorosas sem se preocuparem com os espectadores. Tais situações tão corriqueiras no ambiente empresarial comprometem a imagem do profissional e podem ser decisivas no momento de definir uma possível promoção. Então, vejamos como aliar o bom senso a algumas recomendações.

A principal preocupação da maioria das pessoas em relação à etiqueta refere-se ao vestuário, uma vez que existe a necessidade de adequar o seu estilo pessoal a diferentes situações. Com relação ao visual a ser adotado no ambiente corporativo, vale uma regra básica: não exagere! Por mais que seu estilo seja descontraído ou ousado, deixe para investir no seu perfil em outras situações.

No vestuário masculino, procure utilizar sapatos, cinto e meias da mesma cor. A meia deve ter uma cor neutra. Se quiser ousar um pouco, a gravata permite a escolha de estampas e cores variadas que digam um pouco da sua personalidade. Mas não caia na tentação de usar gravatas cômicas, com estampas de personagens de desenho animado. Na dúvida, opte por uma tonalidade mais clássica como preta, azul marinho, bege ou cinza.

Veja a seguir algumas combinações que podem ser adotadas:

- Terno preto + sapato preto + cinto preto + meia preta + camisa branca, azul, rosa, marfim, gelo, cinza escuro ou bege queimado + gravata regimental ou de bolinhas com fundo preto.
- Terno azul marinho + sapato preto + cinto preto + meia preta + camisa branca + gravata com fundo azul marinho com desenho amarelo ou vinho.
- Terno grafite + sapato preto + cinto preto + meia preta + camisa branca ou gelo + gravata com fundo vinho ou grafite com listras ou estampas.
- Terno marrom, cáqui ou bege + sapato marrom + cinto marrom + meia marrom + camisa marfim ou azul + gravata em tons de marrom ou amarelo.

As mulheres podem variar um pouco mais as combinações, porém, devem ter um cuidado redobrado para não exagerarem na produção. Procure utilizar acessórios discretos e um perfume não muito forte. Lembre-se: trajes sensuais não são adequados em um ambiente profissional. Tendo em vista a existência de incontáveis possibilidades, vejamos algumas peças que permitem combinações de bom gosto:

- Vestido modelo "tubinho" em tons de bege (desde o marfim até o crocante ou bege queimado) + blazer da mesma cor e tecido (comprimento discreto, próximo ao joelho).
- Vestido tubinho preto + blazer preto.
- Sapato tipo escarpin com salto médio, nas cores preta e bege.
- Bolsa clássica média preta e outra marfim (esqueça as do tipo "mochila").
- Meia fina cor da pele.

As pessoas costumam ter um cuidado especial na seleção da roupa mais adequada, infelizmente o mesmo não ocorre com um dos campeões de gafes, o uso do telefone. Ao atender o telefone em seu trabalho, o ideal é que você se identifique e diga o nome da empresa. Preocupe-se também em perguntar o nome da pessoa que ligou, e no decorrer da conversa, diga o nome dela, esse é um sinal de respeito e de interesse. Atente-se também ao tom de voz, que deve ser agradável e transmitir entusiasmo.

Não confunda simpatia com intimidade, embora simpático, não tente mostrar-se íntimo utilizando vocativos como "meu bem" ou "querido". O mais importante é ser educado e objetivo, evitando transferir a ligação para inúmeros setores até atender as solicitações do cliente. Evite também digitar e falar ao telefone ao mesmo tempo, a menos que você esteja solucionando o pedido do cliente, pois tal atitude pode demonstrar falta de comprometimento.

Os cuidados com o celular também são extremamente importantes. Evite utilizar toques muito chamativos e, no trabalho, mantenha a campainha no tom mais baixo possível. Ao atender ligações, utilize um tom de voz baixo e procure um local adequado em que possa ouvir e falar sem alterar-se. Lembre-se de que a sua conversa só interessa a você. Se estiver em um ambiente profissional, desligue o celular. Caso esteja esperando uma ligação importante, avise aos presentes e, quando for atender a ligação, afaste-se e procure ser breve em sua conversa.

Caso você ligue para o telefone móvel de alguém, pergunte se ele pode atendê-lo naquele momento, se não for possível, marque um horário para que você possa ligar mais tarde. E jamais ligue para o celular de um cliente para vender produtos ou serviços, essa é uma atitude incômoda e deselegante.

Na atualidade, o uso do e-mail também exige alguns cuidados. As mensagens eletrônicas devem primar pela clareza e pela oportunidade, não queira escrever tratados ou dar vazão à sua veia poética ao escrever um e-mail. Não exagere na formalidade utilizando expressões como "ilustríssimo" ou "excelentíssimo". Basta utilizar "caro Fulano, bom dia". Ao final, utilize "atenciosamente" e, se a relação permitir, "um abraço". Lembre-se também de escrever o seu nome, cargo e nome da empresa ao fim da mensagem.

É necessário revisar o texto, a fim de corrigir desvios gramaticais e erros de digitação, afinal, a sua imagem está em jogo. Evite também utilizar fontes e cores incomuns. Cuidado também com o uso das maiúsculas, letras em caixa alta, pois, no mundo virtual, indica que você está gritando com o seu interlocutor.

Tenha também o cuidado de não deixar à mostra o nome e *e-mail* de todos para quem você enviou. Além de parecer muito impessoal, você estará disponibilizando o endereço eletrônico de várias pessoas, o que poderá causar alguns incômodos. Muito cuidado também ao encaminhar ou responder mensagens, certifique-se que está enviando para a pessoa certa. Inúmeras situações constrangedoras foram causadas por um e-mail enviado ao destinatário errado.

Por fim, vale ressaltar que piadas, mensagens de auto-ajuda e as famosas correntes não devem ser encaminhadas para o e-mail de trabalho. Tal atitude demonstra falta de profissionalismo e poderá indicar aos seus colegas de trabalho e até mesmo aos seus superiores que você utiliza o seu tempo de trabalho de forma improdutiva.

## ● Cortesia – algumas recomendações

Além dos cuidados destacados anteriormente, há alguns detalhes que podem fazer a diferença na imagem que você transmitirá àqueles que o cercam. Ser uma pessoa agradável e educada não é apenas uma questão de etiqueta, é uma necessidade em uma sociedade marcada pela rispidez e pelo individualismo. Vejamos algumas dicas valiosas em relação ao comportamento em ambientes profissionais:

- As palavras "por favor", "obrigado", "desculpe" e "com licença" são essenciais.
- Procure incorporar a cortesia à sua maneira de ser. No trabalho, na vida pessoal e, principalmente, em situações difíceis ou de crise. Essa é principal diferença entre o sujeito insignificante e aquele de quem todo o mundo se lembra quando quer companhia.
- Não critique as pessoas em público; deixa uma impressão horrível.
- Pensamentos e sentimentos negativos transmitem uma imagem de grosseria e mau humor.
- Deixe a linguagem extremamente coloquial ou vulgar para a sua intimidade. Essa forma de se expressar é bastante desagradável e muitos não estão acostumados.
- Procure pronunciar os nomes das pessoas de forma correta e tente nunca esquecê-los, esse é um sinal de atenção.
- Anote recados e mensagens com atenção e nunca se esqueça de transmiti-los; os interesses dos outros devem ser levados em consideração.
- No trabalho, sempre que for buscar café ou água, vale a pena perguntar se alguém quer, pelo menos para quem senta ao seu lado ou para os colegas mais próximos.

- Evite dizer que um funcionário trabalha para você; mencione a função ou o cargo, ou diga apenas que vocês trabalham juntos.
- Nunca deixe de apresentar as pessoas.
- Jamais deixe as pessoas esperando, essa uma demonstração de desrespeito.
- Depois de ir a um jantar na casa de um colega de trabalho ou de seu chefe, é uma demonstração de gentileza ligar para agradecer o convite e dizer que adorou o jantar.
- Os clientes são mais importantes que um outro membro da empresa, assim demonstre sempre atenção e cortesia.
- Quando receber visitas no escritório, lembre-se de que você é o anfitrião. Assim, receba as pessoas na porta e as conduza dentro da empresa.
- Levante-se ao receber visitas em seu local de trabalho; não receba ninguém atrás da sua mesa ou sentado em sua cadeira. Tal atitude pode ser encarada como um sinal de arrogância.
- Quando visitar alguém, sente-se quando o anfitrião se sentar.
- Os homens não devem exagerar no cavalheirismo em relação às mulheres, pois muita gentileza pode parecer uma demonstração de interesse pessoal. Todavia, é necessário respeitar as regras básicas.
- No ambiente empresarial, a hierarquia dita a importância, assim, apresentamos sempre a pessoa com o cargo considerado menos importante para aquela que ocupa a função mais importante. Nesse caso, o gênero feminino não tem preferência.
- No mundo corporativo, as mulheres devem se levantar para cumprimentar.

# Capítulo 8

## Pequeno público, grandes exigências: como agir em reuniões e entrevistas profissionais

Até o momento, atentamos para situações em que o orador deverá se apresentar diante de um número considerável de espectadores. Apesar da abrangência da platéia ser um fator que intimida, há apresentações para um pequeno público que, em razão das expectativas e conseqüências envolvidas, geram inúmeros receios. É interessante ressaltar que podemos aproveitar muitas das informações fornecidas até o momento para situações como reuniões de trabalho e entrevistas de emprego.

De modo geral, podemos salientar a necessidade de trabalhar a autoconfiança, a tranqüilidade e a segurança a fim de transmitir uma imagem de credibilidade, característica essencial em situações profissionais. Também as dicas sobre expressão corporal e flexão da voz devem ser utilizadas como meios de tornar a sua exposição mais envolvente e interessante. Há ainda alguns cuidados específicos que comentaremos a seguir.

## ● Reuniões de trabalho representam uma excelente oportunidade de demonstrar a sua habilidade de comunicação

No atual contexto corporativo, é desnecessário mencionar a relevância da habilidade de comunicação, afinal, a capacidade de se expressar com clareza e de modo persuasivo é um diferencial no mercado de trabalho. Não apenas a comunicação escrita, mas também a expressão verbal são fatores essenciais para se destacar em uma reunião em que muitas vezes é necessário vender idéias e defender opiniões.

Em reuniões profissionais, você poderá desempenhar diferentes papéis de acordo com a sua função na empresa. De maneira geral, você poderá conduzir a reunião ou poderá ser um membro da equipe cuja participação dependerá de sua iniciativa.

### Como conduzir uma reunião de trabalho

Caso seu cargo ou as circunstâncias ou então o assunto fizeram de você o condutor de uma reunião, haverá a necessidade de demonstrar, primeiramente, extrema habilidade de organização e objetividade. Tais características são bastante recomendáveis, uma vez que em inúmeras situações as reuniões profissionais representam um desperdício de tempo. Muito se fala, mas pouco se decide.

Procure fazer uma pauta em que você selecione os assuntos a serem discutidos e o objetivo da reunião. A fim de evitar que os participantes se estendam demais na discussão de algum dos tópicos selecionados, estabeleça um tempo para cada assunto, assim, você também poderá se certificar de que nenhum dos tópicos deixe de ser discutido em razão da falta de tempo. Informe previamente os outros participantes acerca da pauta do encontro, para que cada um deles possa se preparar e refletir sobre as questões relevantes.

Assim como ocorre em qualquer discurso, em uma reunião existe uma ordem na apresentação do conteúdo. Inicialmente, o organizador deverá apresentar os assuntos a serem discutidos, bem como os objetivos a serem atingidos com as discussões. Essa primeira exposição deverá ser breve e objetiva, mas esclarecedora.

A maior parte da reunião consistirá na discussão das questões selecionadas; é importante que o condutor estimule a participação de todos os membros da equipe, a fim de tornar a discussão realmente produtiva. Há situações em que apenas o condutor e aqueles que possuem altos cargos expõem suas opiniões e a reunião deixa de ser um espaço democrático em que se pode aproveitar diferentes pontos de vista.

O ideal é permitir que os funcionários dêem suas contribuições e teçam comentários apenas quando julgarem relevante, porém, se perceber que os membros da equipe estão intimidados, você poderá estimular a participação dirigindo-se diretamente a cada um deles.

Após a discussão dos temas pertinentes ao objetivo da reunião, chega-se ao momento mais importante do encontro: as decisões acerca dos assuntos tratados. Na maioria das vezes, as reuniões profissionais têm por objetivo encontrar soluções para diferentes problemas que se apresentam na empresa ou definir estratégias que impulsionarão os negócios. Assim, após discutir tais questões, é necessário tomar decisões acerca dos passos a serem tomados. De maneira democrática, mas com muito senso crítico, procure definir com os participantes quais as decisões e as propostas que a discussão possibilitou. É essencial que as decisões tenham um caráter concreto, assim, a equipe deverá estabelecer de forma racional quais serão as etapas de implementação das decisões tomadas.

Por fim, caberá a você recapitular as decisões a que a equipe chegou. Este momento deverá ser aproveitado para verificar que não há dúvidas acerca dos temas discutidos. Caso ainda existam dúvidas, procure esclarecê-las a fim de garantir o sucesso das medidas a serem tomadas.

## Como participar de uma reunião de trabalho

Muitas pessoas encaram as reuniões de trabalho como ocasiões desgastantes e desnecessárias, todavia, tais momentos podem representar uma oportunidade de demonstrar seus talentos, sua competência e de apresentar as suas idéias. Assim, assuma uma postura de envolvimento a aproveite a reunião para auxiliar na solução de problemas e no estabelecimento de estratégias.

Ao receber a pauta, procure estudá-la, é necessário compreender por que tais questões devem ser discutidas, ou seja, você deverá perceber os motivos de seus superiores ao solicitarem a reunião. Reflita sobre os problemas e pense em soluções, não descarte nenhuma delas, no momento da reunião, de acordo com o decorrer da discussão, você poderá avaliar quais são as melhores contribuições a dar.

Durante a reunião, mostre-se atento e procure acompanhar a linha de raciocínio de cada um dos participantes que estiver com a palavra, assim poderá chegar a uma conclusão em equipe. Vale destacar que reuniões de trabalho não devem ser o momento de disputar espaço. Ao demonstrar que você pode auxiliar um colega, provará a sua capacidade de trabalhar em equipe, habilidade extremamente valorizada pela maioria das empresas.

É imprescindível que você supere receios e exponha as suas opiniões ao longo da discussão, mas não fale apenas por falar, tenha senso crítico e verifique se as suas contribuições são pertinentes. Caso alguma de suas sugestões seja descartada, não encare isso como um fracasso, o fato de participar será apreciado.

Como pode perceber, em reuniões de trabalho é necessário saber ouvir e saber falar. Não se mostre indiferente às sugestões e aos comentários de seus colegas, uma postura agressiva muitas vezes é sinal de descontrole ou de vaidade excessiva. Caso discorde de algum dos participantes, demonstre a sua opinião e o seu ponto de vista sem desmerecer os membros da equipe. Para persuadir, é necessário saber expor suas idéias com firmeza, mas cordialidade. Além disso, saber ceder faz parte de toda e qualquer negociação.

Ao ser questionado sobre algum assunto, responda com firmeza e convicção. Demonstre estar inteirado sobre o tema, mas não fale sobre o que desconhece apenas para aparecer.

## ● Como ter sucesso em entrevistas de emprego

Certamente as entrevistas profissionais representam uma das situações mais intimidantes das quais podemos participar. O fato de sabermos que estamos sendo avaliados ao lado das expectativas que rondam a conquista de uma vaga de emprego muitas vezes nos prejudicam e nos impedem de demonstrar todo o nosso potencial. Por isso, é necessário utilizar as estratégias estudadas para evitar demonstrar insegurança. Assim como ocorre em outras situações em que devemos nos apresentar em público, é possível nos prepararmos para termos sucesso em entrevistas profissionais.

Aprenda a encarar as entrevistas como mais uma oportunidade de demonstrar as suas habilidades e não como um momento de humilhação ou de exposição comprometedora.

### Prepare-se para algumas perguntas freqüentes

Embora a maioria dos processos de seleção apresente inúmeras etapas, como testes de conhecimentos gerais, redação e dinâmicas de grupo, a entrevista ainda representa um dos momentos mais temidos, pois o fato de estar cara a cara com os selecionadores, sendo questionados, exige bastante equilíbrio do candidato. Por isso, procure se preparar para algumas perguntas que freqüentemente fazem parte do processo de seleção.

**- Fale-me sobre você.**

Essa questão causa arrepios a alguns candidatos que tentam adivinhar o que o selecionador quer ouvir, entretanto, você não deverá se preocupar com isso. O ideal é que você dê ao entrevistador uma idéia geral acerca de seu perfil. Assim, mencione algumas características que julga possuir e atividades que costuma desenvolver. O mais importante é que você seja sucinto e não conte todas as experiências pelas quais passou desde a mais tenra infância. Além disso, cite características, atividades e experiências que sejam relevantes para traçar o seu perfil profissional, mesmo ao destacar as características que marcam a sua personalidade, cite traços que tenham reflexo na postura como profissional. A atenção à relevância das informações fornecidas é essencial, pois alguns candidatos parecem estar se descrevendo para um *site* de relacionamento e encontros amorosos.

### - Por que escolheu o curso de...?

Ao questionar o porquê de sua opção acadêmica, o selecionador procura avaliar se você realmente se identifica com o curso escolhido ou se outras circunstâncias o impeliram a esta escolha. Assim, é importante mostrar-se satisfeito com a sua escolha e demonstrar que não será um profissional desmotivado ou infeliz com a atividade desenvolvida. Pode parecer clichê, mas pessoas que trabalham felizes, produzem mais e melhor.

### - Qual a área que mais lhe interessa?

A maioria das carreiras acadêmicas permite uma gama de possibilidades profissionais. Assim, o selecionador deseja verificar se a área com a qual você mais apresenta afinidade está relacionada ao cargo ao qual você se candidatou. Muitas vezes, em razão dos inúmeros desconfortos causados pelo desemprego, os profissionais se candidatam a cargos com os quais não se identificam, por este motivo, a empresa não deseja ter um funcionário que aceitou o cargo por estar desesperado, mas sim por identificar-se com a função. Obviamente, é necessário citar uma área de interesse que se aproxime da vaga a qual você pleiteia.

### - Fale um pouco sobre sua experiência profissional.

Embora esteja com o seu currículo em mãos, o selecionador deseja saber alguns detalhes de sua experiência profissional para verificar se você é o candidato mais adequado à função. Sem se estender demais, relate quais atividades desenvolveu em que cada uma das empresas em que trabalhou. Procure ressaltar o que aprendeu em cada uma das experiências e como elas contribuíram para o seu aprimoramento. Cuidado para não mencionar atividades e atribuições que não eram de sua alçada, pois o entrevistador poderá entrar em contado com a empresa para verificar a veracidade das informações fornecidas.

### - Quais são os seus pontos fortes e fracos?

Novamente, é necessário mencionar características que sejam relevantes para a sua atuação profissional. Assim, não mencione características ligadas exclusivamente a sua vida pessoal. Ao mencionar suas qualidades, procure não exagerar, pois você deverá citar o mesmo número de pontos fortes e fracos. Se citar muitas qualidades, terá dificuldades para mencionar seus defeitos sem se comprometer.

Ao citar seus pontos fortes, ressalte características que são apreciadas para o cargo que pretende ocupar. De qualquer forma, habilidades como criatividade, flexibilidade, organização e responsabilidade são sempre valorizadas.

A maior dificuldade dos candidatos está em mencionar os pontos fracos. Evite fugir da resposta, ao dizer que é difícil perceber os próprios defeitos, você demonstrará dificuldade em reconhecer e superar as suas falhas. Também não adianta citar como pontos fracos características que mais parecem qualidades, os entrevistadores estão cansados de se deparar com candidatos perfeccionistas. Procure destacar características que não causem um impacto muito negativo e ressalte como você procura amenizar essa característica.

### - O que conhece sobre a nossa empresa?

Assim como o orador deverá obter informações acerca do assunto a ser tratado na apresentação, o candidato deverá pesquisar o máximo possível de informações sobre a empresa em que pretende trabalhar. Ao demonstrar que conhece as atividades desenvolvidas pela empresa, bem como a sua história, você comprovará o seu interesse e preparo.

Além disso, saber informações sobre o perfil da instituição permitirá a você se portar do modo mais adequado.

### - Por que se interessou pela vaga?

Jamais diga que o seu interesse pelo cargo se deve ao salário. O selecionador deverá perceber que você se identifica com a função e com a empresa. Esclareça como as suas habilidades e também expectativas profissionais estão em consonância com a vaga. Esse é mais um momento para você demonstrar que conhece a empresa, bem como sabe exatamente quais são as atribuições do cargo.

## Dicas valiosas

Existem ainda algumas importantes orientações acerca do comportamento a ser adotado em entrevistas profissionais. Leia-as com atenção e procure fazer de cada participação em processos seletivos uma oportunidade de aprendizado:

- fale com clareza, de maneira articulada e verdadeira;
- tenha cuidado com a gramática;
- evite o uso de gírias e dos vícios de linguagem;
- apresente-se confiante e bem-humorado;
- não demonstre indecisão com relação ao salário oferecido;
- procure saber qual o perfil exigido pelo mercado de trabalho;
- saliente as atitudes positivas, não as negativas;
- procure equilibrar o lado emocional com o racional;
- não seja prolixo, responda todas as perguntas com objetividade;
- descreva atividades, não uma lista de adjetivos;
- demonstre como e porque você poderá contribuir para o desenvolvimento dos negócios da empresa.

## CONHEÇA OUTROS TÍTULOS RELACIONADOS

### Como falar em Público

*Vanessa Freitas*

Se você acredita que a excelência na apresentação em público e o domínio da língua portuguesa é privilégio de uns poucos escolhidos – pessoas cativantes, inteligentes e extremamente seguras –, tenho o prazer de dizer: você, felizmente, está enganado! Com o uso de técnicas simples e estratégias de persuasão, todos podemos nos tornar ótimos oradores.

Além de aspectos técnicos, a apresentação em público envolve questões emocionais, as quais precisam ser trabalhadas a fim de garantir o sucesso do trabalho.

Aqui, você encontrará dicas valiosas para desenvolver a expressão em todas as suas formas: corporal, verbal, lingüística e de organização do discurso, bem como estratégias para superar medos, ansiedades e inseguranças.

## A Arte da Guerra

*Sun Tzu*

Sun Tzu foi um Comandante Chinês que viveu de 544 a 496 a.C. Seus textos originais, publicados como *A Arte da Guerra*, foram escritos supostamente por volta de 510 a.C., mas sua atualidade é impressionante. Até hoje grandes líderes da humanidade se inspiraram nas técnicas descritas por Sun Tzu para obter sucesso em seus desafios. Mais do que uma aula sobre técnicas de combate, *A Arte da Guerra* traz lições imprescindíveis para quem deseja obter sucesso e vencer os desafios do dia-a-dia profissional, tornando-se um verdadeiro líder.

Nas páginas deste livro, você entenderá que uma guerra não é composta pela batalha em si, mas sim pelas reações que temos diariamente ao desconhecido, nas palavras de Sun Tzu *"lutar e conquistar em todas as batalhas não mostra a suprema excelência (...). O líder habilidoso subjuga as tropas inimigas sem nem ao menos lutar"*. Assim, perceberá o quanto é importante o uso de estratégia e planejamento para conquistar seus objetivos e enfrentar os desafios do mundo atual.

## Treinamento Executivo – Empreendedorismo

*Leandro Martins*

Neste livro reunimos os ensinamentos de verdadeiros papas da administração, como Jack Welch, Tom Peters, Henry Ford, Peter Drucker, Michael

Porter, Henry Fayol, Joseph Schumpeter, Frederick Winslow Taylor, que conseguiram revolucionar os conceitos e

tornaram-se referência para todo aquele que deseja montar seu

próprio negócio. Se você é um daqueles que busca o sucesso em um negócio próprio, terá contato com conhecimentos sobre mercados, finanças, marketing, gestão de pessoas e legislação para que tenha a base necessária para montar e gerir uma pequena empresa, e, assim, obter sucesso no negócio escolhido.

No livro *Empreendedorismo*, o leitor encontrará tópicos detalhados de discussão a respeito de:

- Identificação de oportunidades;
- Plano de negócios;
- Análise de riscos;
- Plano de marketing;
- Legislação;
- Plano financeiro;
- Liderança de sucesso;
- Seleção de pessoal;
- Estratégia para negócios;
- Análise de mercado;

E muito mais!

## Treinamento Executivo – Vendas & Atendimento

*Leandro Martins*

Neste livro reunimos os ensinamentos de especialistas em vendas e atendimento ao cliente que mostram, de maneira sucinta, o que é necessário para encantar o cliente, fazendo que ele não só se torne fiel a sua empresa, mas também a indique para outras pessoas.

Também mostramos antiexemplos de atendimento e coisas que devem ser evitadas no dia-a-dia sob pena de perder definitivamente o cliente que se julgou mal atendido.

Mais do que um livro acerca de quais boas maneiras se deve ter com cliente, esta obra traz informações fundamentais para quem deseja ser bem-sucedido no competitivo mundo dos negócios e conquistar definitivamente seus clientes.

## Treinamento Executivo – Emprego & Sucesso Profissional

*Leandro Martins*

O mercado de trabalho está mais concorrido a cada dia. Todos os dias, milhares de pessoas formam-se em diversas universidades por todo o Brasil. Elas estão dispostas a entrar no mercado, mesmo que para isto tenham de tirar o seu lugar.

Refletindo um pouco sobre o mercado de trabalho, entendendo sua realidade no passado, sentindo o presente e fazendo projeções para o futuro. Neste livro, o quinto da coleção, iniciaremos uma série de assuntos importantes, que não podem ser deixados para depois: as barreiras psicólogas criadas em nossas mentes.

Aprenda a valorizar cada uma de suas características. Como arrumar seu currículum, como se portar e se preparar para uma entrevista, quais as áreas no mercado que estão em crescimento, e também demos algumas alternativas ao emprego formal.

## Curso Prático de Memorização

*Herbet Moroni e Marcos Gois*

Se você deseja...

| Adquirir conhecimento com mais velocidade
| Aprender um novo idioma
| Estudar para concursos públicos ou vestibulares
| Aumentar sua capacidade profissional
| Ampliar seu desempenho na escola
| Fixar informações com grande facilidade

Chegou o momento de aumentar seu poder de memorização...

Neste livro você terá contato com mecanismos e exercícios práticos que ajudarão a melhorar sua concentração.

Técnicas simples para memorização de imagens, nomes e feições, compromissos, trechos musicais, poesias, versos, discursos, números e fórmulas serão apresentadas neste livro, bem como maneiras de otimizar os seus estudos, fixar o que lê, decorar regras gramaticais, aprender idiomas etc.

Você passará a compreender melhor o funcionamento do cérebro, pois será apresentado a uma série de técnicas que o ajudarão nas mais diversas tarefas do seu dia-a-dia. Tudo isso por meio de lições extremamente eficientes e exercícios complementares para fixação.